少年读儒家经典

少年读易经

姜忠喆　主编

民主与建设出版社
·北京·

© 民主与建设出版社，2020

图书在版编目（CIP）数据

少年读易经 / 姜忠喆主编 . -- 北京 : 民主与建设
出版社，2020.7

（少年读儒家经典；1）

ISBN 978-7-5139-3075-8

Ⅰ . ①少… Ⅱ . ①姜… Ⅲ . ①《周易》–少年读物
Ⅳ . ① B221-49

中国版本图书馆 CIP 数据核字（2020）第 101694 号

少年读易经
SHAONIAN DU YIJING

主　　编	姜忠喆
责任编辑	刘树民
总 策 划	李建华
封面设计	黄　辉
出版发行	民主与建设出版社有限责任公司
电　　话	（010）59417747　59419778
社　　址	北京市海淀区西三环中路 10 号望海楼 E 座 7 层
邮　　编	100142
印　　刷	三河市燕春印务有限公司
版　　次	2020 年 8 月第 1 版
印　　次	2020 年 8 月第 1 次印刷
开　　本	850mm×1168mm　1/32
印　　张	5 印张
字　　数	125 千字
书　　号	ISBN 978-7-5139-3075-8
定　　价	198.00 元（全六册）

注：如有印、装质量问题，请与出版社联系。

前言

　　《易经》是中华文化原典之一，在五千年前，中国古代圣人伏羲"仰以观于天文，俯以察于易经的智慧全集地理"，画出代表天、地、风、雷、水、火、山、泽的八种卦象，即通常所称的八卦。之后，再历经周文王与孔子，易学体系渐趋完备，被称为取之不尽，用之不竭的智慧的源泉，是开启宇宙奥秘的钥匙。《易经》里有六十四卦的符号及卦名，还有卦辞与爻辞。据说成于西周（前1046~前771）初年，是用以取代龟卜的占筮之书。倘若如此，《易经》的历史就有三千多年。据说《易传》是出于孔子（前551~前479）。倘若如此，《易传》的历史也有二千五百多年。今见通行本《易传》有《彖传》《象传》《系辞》《文言》《说卦》《序卦》和《杂卦》七篇。古人分前三篇各为"上"与"下"两篇，于是共成十篇，也称作"十翼"，意思是辅翼于《易经》的解说文字。

　　时至今日，注易之书籍，多达数千种，不胜枚举，有从象数方面来描述的，也有从义理来阐述的。

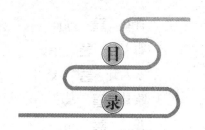

目录

乾卦

乾下乾上　乾①元亨，利贞②。

初九　潜龙，勿用。

九二　见龙在田，利见大人③。

九三　君子终日乾乾，夕惕若，厉无咎④。

九四　或跃在渊，无咎⑤。

九五　飞龙在天，利见大人⑥。

上九　亢龙，有悔⑦。

用九　见群龙无首，吉⑧。

注　释

①乾，卦名。通行本及马王堆出土汉墓帛书本皆为第一卦。

②元亨，利贞：经文中"元亨"、"元吉"之"元"皆当从《象传》训为

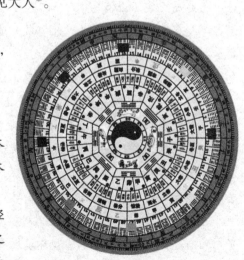

周易八卦图

1

少年读易经

"大"，谓大顺（"亨"，通顺）、大吉。经中之"贞"皆训为"占"，而《易传》中之"贞"皆释为"正"。"利贞"，占问有利。

③见龙在田，利见大人："见"同"现"；"田"谓地。这是说龙已浮出渊池出现在地上。"利见大人"即见大人有利。"大人"犹后世算命先生所谓的"贵人"（《蹇》卦上六《小象》"利见大人，以从贵也"，即以贵人释大人）。"利见大人"于经文中屡见，皆是得贵人相助之义。

④君子终日乾乾，夕惕若，厉无咎："君子"一词在《易》中习见，其与"小人"对举时，意思比较复杂（或指有德者，或指有位者），要看具体语言环境；而凡单言者，则都是指对方，即问卦者，犹言"君"、"足下"，如"君子有攸往"、"君子征凶"、"君子几不如舍"、"利君子贞"等。"终日"犹"终朝"，整个白天。"乾乾"，勤勉的样子（《吕览·士容》注"乾乾，进不倦也"）。"惕"谓惕惧反省。"若"，语辞。"厉"，危。"咎"，害。"厉无咎"、"凶无咎"、"厉吉"、"吉有悔"等为相反之占，它包含有开局不好（或好）而终局无害（或有害）、卦象不好（或好）而经过人为努力而无害（或有害）等多种含义。此句或句读为"君子终日乾乾，夕惕若厉，无咎"，两通。九三居下卦之终，故当有所惕惧。《诗·十月之交》"四方有羡，我独居忧；民莫不逸，我独不敢休"，《北山》"或王事鞅掌"、"或惨惨畏咎"皆此"乾乾"、"惕若"之谓。

⑤或跃在渊，无咎："或"是将然之辞。"或跃"谓将欲跳跃而尚在犹疑。九四在上卦之初，故当有所犹疑；而既已入上体，理当跃跃欲试而有所图进。九三阳爻居刚位，故戒之以谨惧；九四阳爻居柔位，故有跳跃之志而又能犹疑三思。如此则可保前景无忧害。

⑥飞龙在天，利见大人：此君子显达之象。"利见大人"是有贵人相助之义，亦表示外部客观环境之有利。战国秦汉人所谓的阳气"登于天"、"入于渊"（《管子·内业》）及龙之"登天"、"潜渊"

2

（《说文》）可能都与《乾》卦初九、九五爻辞相关。

⑦亢龙，有悔："亢"，过（《小过》卦上六说"过之"，《象传》释为"已亢也"）。"亢龙"即龙飞得太高。"有悔"，有不好的事情（"悔"之言"晦气"之"晦"）。《小过》卦辞"飞鸟遗其音，不宜上，宜下"即此"亢龙有悔"。又"亢"当犹"颃"，谓高飞不下。《中孚》上九"翰音登于天，贞凶"与此爻同。《易》之三爻、上爻多言"悔"，与月终、年终之言"晦"同。

⑧用九，见群龙无首，吉：六十四卦每卦皆六爻，只《乾》《坤》两卦多出一爻，即"用九"、"用六"，表示此两卦所筮得的六爻皆为可变之爻阳九（即老阳）或可变之爻阴六（即老阴）。"用九"、"用六"之"用"字帛书作"迵"，有人认为"迵"为"用"之借字，或释"迵"为"同"。然《易》中"用"字、"同"字习见，帛书均如字作，可见"迵九"，"迵六"别有他义。"迵"即"通"（《太玄·摛》注"迵，通也"），谓变、变通。就实际操作而言，演卦时，遇到通卦皆为可变的老阳、老阴时，则多设此一爻象，命其爻题为"通九"、"通六"，筮占时即占此爻。就哲学内含而言，此多出的一爻置于《乾》《坤》的上九、上六之上，包含着《易》终则变，通则久"的哲学底蕴。其他六十二卦虽无"通九"、"通六"，但在观照其上九、上六时亦当作此理解。如《明夷》上六"初登于天，后入于地"即包含位至上爻，需要变通的意思。又如《升》卦上六"冥升，利于不息之贞"，"冥升"即沉迷于升进必有凶险，犹"亢龙有悔"；而"利于不息之贞"即犹《坤》卦通六的"利永贞"。"见"同"现"，谓群龙涌现不见上下首尾。此即所谓"始卒若环"，即老子"迎之不见其首，随之不见其后"，亢极知返，所以说"吉"。

译文

乾卦：乾卦象征天，是万物创始的根源，它通行无滞，利益众生，无所不正。

初九：龙潜藏在水中，耐心地等待时机。

九二：龙出现在田野上，开始利益众生。

九三：德才兼备之士的地位虽然上升，仍需从早到晚保持努力不懈的精神和谨慎的心态，这样即使遇到什么灾难也能化险为夷。

九四：即使身处高位，也要保持如临深渊般的谨慎，这就不会发生过失与灾难。

九五：龙腾飞在天际，普降甘霖，恩及万民。

上九：龙腾飞在天空极处，渐生悔意。

用九：一群龙都不争强好胜，吉祥。

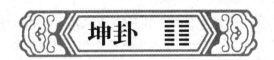

坤卦

坤下坤上　坤①元亨②，利牝马之贞。君子有攸往，先迷后得，主利③。西南得朋，东北丧朋。安贞吉④。

初六　履霜，坚冰至⑤。

六二　直方大，不习无不利⑥。

六三　含章，可贞⑦。或从王事，无成有终⑧。

六四　括囊，无咎无誉⑨。

六五　黄裳，元吉。

上六　龙战于野，其血玄黄。

用六　利永贞。

注 释

①坤：卦名。通行本为第二卦，帛书本为第三十三卦。

②元亨，利牝马之贞："牝马"，母马。经文"牝"字两见，《离》卦卦辞"畜牝牛吉"。下文说"君子有攸往"，谈出行之事，所以"利牝马之贞"是指占问出行乘驾母马有利。盖牝马性柔，又能生殖，取柔顺处世、和气生财之义。

③君子有攸往，先迷后得，主利："君子"指问卦者，"有攸

往"，有所行往。"先迷"，起初会迷路。"后得"，随后会找到正路。"主利"，出行主于吉利。术士常言之"主吉"、"主凶"即此之意。《坤·文言》"后得主而有常"，《易之义》"先迷后得主，学人之谓也"，"主"字均属上读，与经文不同。

④安贞吉：占问平安与否则吉利。《史记·龟策列传》记龟卜有"呈兆若横吉安"之语，可知卦兆与龟兆有密切联系（按：所谓"横吉安"者，盖其兆坼不仰不俯，平横而出，其象如"卜"字）。

⑤履霜，坚冰至：履践秋霜，知冬日坚冰将顺次而至。此谓初六当察事之几，依事之理，谨慎行事。《象传》、《文言》所释甚确。

⑥直方大，不习无不利："直方"，正直端方。"方"与霜、章、囊、裳、黄协阳部韵，《象传》、《文言》亦不释"大"字，故有人认为是衍字，闻一多疑其涉"不"字而讹衍（按：可能"大"字形、义与"方"相近而衍。"方"有"大"义）。"习"，熟悉、娴熟。六二之爻位居中得正，能行中正之道，虽未娴熟于事，然亦无所不利，此所谓"不习"之事，经商、从宦等皆属之。

⑦含章，可贞："含"，怀有。"章"，文采，指美德。"可贞"即宜贞、利贞，谓宜于占问、占问有利（《后汉书·皇甫规传》注"可犹宜也"。《谦》卦上六"可用行师"，《小象》释为"利用行师"）。

⑧或从王事，无成有终："有终"，有好结果（《易》之

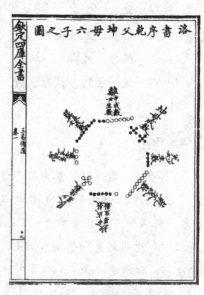

洛书序乾父坤母六子之图

"终"字皆指好结果，好结局）。内怀美德，占问经商之事有利；如
或弃商从宦，虽无功业，亦能有好结果。

⑨括囊，无咎无誉："括"，结扎、扎紧（《广雅·释诂》"括，
结也"）。"囊"，大口袋（《诗·公刘》毛传"小曰橐，大曰囊"）。
六四居上卦之初，当慎其行，故括其囊，含而不露（其指贸易所得
之财货，亦指人之才德）。"无咎无誉"，没有过咎，亦无称誉，即
《诗·斯干》"无非无仪"（"仪"，善）的意思。六四处上卦之下，
阴居柔位，不求有誉，但求远害而已。

译文

坤卦：坤卦象征地，也具有元、亨、利、贞四属性，但"贞"
是如同柔顺的母马的那种贞。在前进过程中倘若领先独行，会迷失
方向；惟有追随领袖之后，才会因执着正道而祥和有益。这就好比
坤往西南虽可获得同类，往东北丧失同类，但因为顺应了阴阳相合
万物滋生的自然规律，必然吉祥。

初六：当脚踩到秋霜时，冰冻的寒冬也将来临。

六二：具备了直率、方正、宽容的品质，无须学习也能畅通
无阻。

六三：不炫耀才华，固守柔顺之德，即或辅佐君王，亦不居功
而能善终。

六四：扎紧囊袋，因为不知里面装的是什么，所以既无贬语又
无赞誉。

六五：黄色的衣裳，代表着吉祥。

上六：两龙相战于野外，流淌出黑黄色的血。

用六：利于永远保持中正。

屯卦 ䷂

震下坎上　屯①元亨，利贞②，勿用有攸往，利建侯③。

初九　磐桓④，利居贞，利建侯。

六二　屯如邅（zhān）如⑤，乘马班如⑥；匪寇婚媾（gòu）⑦，女子贞不字，十年乃字⑧。

六三　即鹿无虞，惟入于林中⑨，君子几不如舍，往吝⑩。

六四　乘马班如，求婚媾，往吉⑪，无不利。

九五　屯其膏⑫，小贞吉，大贞凶⑬。

上六　乘马班如，泣血涟如。

①屯：卦名。通行本为第三卦，帛书本为第二十三卦。

②元亨，利贞：此与"乾"卦卦辞的"元亨利贞"稍有区别。"乾"卦卦辞仅"元亨利贞"四字，是无条件的，绝对的；而本卦（及《随》、《临》、《无妄》等卦）则是

屯卦图

8

有条件的，有限制语，即在"勿用有攸往，利建侯"的前提下方可"元亨利贞"。

③勿用有攸往，利建侯："用"字在《周易》中出现频率极高，很难以一个确定的词汇与之对译。总体说来，"用"谓可行，"勿用"谓不可行（《说文》："用，可施行也"），其义与"可"大致相应。"侯"，本义指通过比试射技而选出部落酋长，后指方国之君主。《屯》卦上卦为《坎》，"坎，险也"，故不可有所行往，宜定居立长。

④磐桓：即盘桓，进退徘徊。

⑤屯如邅如："如"，语辞。"屯邅"即"迍邅"，行进迟疑。

⑥班如："如"，语辞。"班"同"般"，即"盘"，进退回旋的样子。

⑦匪寇婚媾："匪"同"非"，帛本即作"非"。"寇"，寇抢，盗劫。在族内婚被禁止（《左传》"同姓不婚，惧不殖也"）而初行族外婚时，即以抢的形式，被称作掠夺婚或劫夺婚。

⑧女子贞不字，十年乃字："字"，出嫁。"十年"，《正义》云"十者，数之极；数极则复，故云十年也"。疑"十年"为"七年"之讹。七年，为六爻的一个往复，"周易"所谓"七日来复"。

⑨即鹿无虞，惟入于林中："即鹿"，就鹿，追鹿。"虞"，谋度，虑度（或可释为虞人，掌山林之官，在此指向导）。此处"即鹿无虞"是比兴的写法，是就男方抢亲而说。亦可泛指为追求好的东西。

⑩君子几不如舍，往吝："几"也作"机"，谓见机行事。"吝"，不利。"往吝"，指继续去追鹿则不利。

⑪往吉：有两种解释，一说与"往吝"一样都是就男子而说；一说"往吉"是就女子而言，女子出嫁曰"适人"，与往同义。

⑫屯其膏："屯"，屯聚，置办。"膏"，肥肉。《周易》"膏"字两见，《鼎》卦九三"雉膏不食"，此"膏"疑即谓"雉膏"。古代婚娶要以雉雁等为聘礼，"屯其膏"，盖谓男方置办雉膏以备婚礼之用。《仪礼·士婚礼》："婚礼，下达纳采，用雁"。

⑬小贞吉，大贞凶："小"指"阴"，谓女子。"大"指"阳"，指抢亲的男方。小亦指小事，大指大事。

屯卦：屯卦也具有创始、亨通、祥和、坚贞四德。初生阶段因为稚嫩而不堪大用，但不断积聚力量，奋发进取，终能建立公侯基业。

初九：事业初创时举步维艰，难免徘徊不前，但只要志坚不变，方正不阿，定能德感人民，建功立业。

六二：遇事三思而行，如同乘马赶路者徘徊选择方向；又如奋力摆脱强暴、追求婚姻美满的女子，宁可十年不嫁，决不眼前苟且。

六三：去森林里猎取野鹿，若无熟悉路径的人带路，只能在森林里跟着野鹿乱跑；因而聪明的人在这种情况下便停止追逐野鹿，如果继续追赶，不但徒劳，而且有危险。

六四：抓住时机，勇往直前，就像乘马去求婚，一路之上不必徘徊，因为在他前面只有吉祥之事，并无不利的因素。

九五：积聚钱财，如果是备用于日常生活中的不时之需，就是好事；如果用于准备发动战争，就是坏事。

上六：艰难险阻，进退维谷；忧惧而悲，血泪如注。

蒙卦 ䷃

坎下艮上　蒙①亨，匪我求童蒙，童蒙求我②。初筮 (shì) 告，再三渎，渎则不告③。利贞。

初六　发蒙④，利用刑人，用说桎梏⑤，以往吝⑥。

九二　包蒙⑦吉，纳妇吉，子克家⑧。

六三　勿用取女⑨，见金夫，不有躬，无攸利。

六四　困蒙⑩，吝。

六五　童蒙，吉⑪。

上九　击蒙，不利为寇，利御寇⑫。

①蒙：卦名。通行本为第四卦，帛书本为第十三卦。此卦名取字于卦爻辞。

②匪我求童蒙，童蒙求我："匪"同"非"。"我"，指筮者。"童蒙"，指问筮者，问筮者有所不明，故曰"童蒙"。

③初筮告，再三渎，渎则不告："告"，即《诗·小旻》"我龟既厌，不我告犹"之"告"，谓筮者告之以吉凶休咎。帛书本作"吉"，当是"告"字之讹。"匪我求童蒙"及"初筮告"云云是占

笠之原则（高亨说）。

④发蒙："发"，启发。启发人觉悟，有多种形式。"利用刑人"即本文"发蒙"的具体措施之一。"蒙"是启发的对象，然"蒙"有多种，有稚幼之蒙、有愚昧无术之蒙、有野蛮触犯刑律之蒙。

蒙卦图

⑤利用刑人，用说"桎梏"："利用"义犹利于。用说"桎梏"为利用说"桎梏"之省文。"刑"，刑法、法律，在此作动词用。"刑人"，谓以刑法警戒、教戒人。"说"同"脱"，免也。"桎梏"，拘系犯人的脚镣手铐。"利用说桎梏"，指利于使众人免于犯罪或利于赦免罪人。为官者占得此爻，当作如上解释。若普通人占得此爻，则可作如下解释："发"谓去掉。"蒙"，昏晦不明，喻困境。"刑人"，指身陷囹圄或处于困境的问著者。"利用说桎梏"，指获得赦免或摆脱困境。

⑥以往吝："以"，用。用此卦有所行往则不利。

⑦包蒙：此是筮得的爻象，"纳妇吉，子克家"是据此爻象所得的占辞；"包蒙"下之"吉"字疑为衍字。包容蒙昧，也是教化之一种。

⑧纳妇吉，子克家："妇"是女人之通称，亦有专指"媳妇"者。然《易》"妇"字多见，却无专指"媳妇"（儿媳）者。此"纳妇吉，子克家"是说老头娶老伴吉利，儿子娶媳成家亦吉利。此二者均就"包"字而言。"克"，成也。

⑨勿用取女：六三乘九二，阴乘阳，故此女不可娶。《姤》卦一阴乘五阳，故曰"女壮，勿用取女"，则此卦"勿用娶女"亦因"女壮"。"勿用"，不可。

⑩困蒙：此"蒙"谓愚昧强蛮者，指六三、六五。六四为六三、六五阴毒愚昧所困，又无应援，故云"吝"。

⑪童蒙，吉：六五虽处尊位，但处蒙之时，能敛其睿智、愚若童蒙，故"吉"。

⑫不利为寇，利御寇："为"，是攻取之义。不利攻寇而利御寇，即老子"用兵有言：不敢为主，而为客"之义。

译 文

蒙卦：蒙：愚昧。蒙卦卦象是下单卦为坎，为水；上单卦为艮，艮为山。蒙昧无知的人，是否能改进，不取决于我们，而是蒙昧无知的人要有诚意改革自新。初次前来占筮，告诉他吉凶；接二连三地占筮，便是对占筮的亵渎了，这样，便不再告诉其吉凶，因为求学与施教都要持严肃的态度。

初六：改造初始，即要法规严明，甚至强制对被改造人的惩戒。如果放任自流，就是管理不善，将困难重重。

九二：受教育者很多，教育者要以"有教无类"的原则一视同仁，这未必不是好事，正如娶妻纳妾一样天经地义。人们接受教育后才能修身、治家。

六三：不宜娶这个女子为妻，因为她见到美貌郎君就动心了，甚至以身相许，这个女人不接受教育，故不可教也。

六四：陷于蒙昧无知的人，深深被愚昧所困扰，远离了接受教育的条件，故处境艰难。

六五：没有敌意，无邪念的蒙昧无知的人可以启发教育，必获吉祥。

上九：要惊醒愚昧无知的人促其转化，但不宜采用过激的行动使矛盾激化，而如果你的方法对头，被教育者的坏习气便可以改掉。这样才是吉利的。

需卦

乾下坎上　需①有孚②，光亨③，贞吉。利涉大川④。

初九　需于郊⑤，利用恒，无咎⑥。

九二　需于沙，小有言，终吉。

九三　需于泥，致寇至。

六四　需于血，出自穴。

九五　需于酒食，贞吉。

上六　入于穴，有不速之客三人来⑦，敬之，终吉⑧。

注　释

①需：卦名。通行本为第五卦，帛书本为第十八卦。

②有孚："孚"有二义：一为卦兆、征兆；一为征验、应验。
此云"有孚，光亨、贞吉、利涉大川"，谓卦兆显示的是大通顺、
占问有利、涉险渡川顺利。帛书"孚"作"复"。《彖》、《象》均释
"孚"为诚信。

③光亨："光"，大。又"光"训气运，谓气运亨通（参《观》
卦、《未济》卦注）。

④利涉大川：经文"涉大川"屡见。"利涉大川"、"不利涉大

川"，犹言利出行、不利出行。亦引申有涉险之义。

⑤需于郊：稽留于野外而远离坎险。

⑥利用恒，无咎："利用"，利于。"恒"，持久。持久滞留于一地本来不利，但因初九前面有坎险，故可无害。

⑦入于穴，有不速之客三人来："穴"，指坎陷最深处，故上六云"入于穴"。"速"，邀请。不请自来，指未有戒备的陌生人。"三人"，虚指，谓几位，犹《论语》"三人行必有我师"之"三人"。或谓"三人"指下卦的三阳爻。

⑧敬之，终吉：身在坎陷深处，对突如其来者又无戒备，况且是"几位"，人在屋檐下，怎能不低头？故只有恭敬，庶几无害。

译文

需卦：遇到险阻，但是有信心克服，所以前途最终通畅；坚持正道，就能化险为夷，即使做像涉渡大河那样的事情也会很顺利。

初九：在郊外等待涉险的时机，因为有耐心，又能恒守正道，所以不会有过失灾难。

九二：在沙滩上耐心等待，虽然遭到一些议论，因为面临危险仍能保持清醒的头脑，结局还是吉祥的。

九三：在泥涂中等待，更加需要谨慎，稍或冒进，便会引祸上身，发生有如强盗袭击那样的不幸。

六四：身陷险境以致受伤出血，顺应变化最终能够脱险。

九五：美酒佳肴，取之有道，所以吉祥。

上六：陷入险境，有三位不速之客光临，以恭敬相待，最终化险为夷。

讼卦

坎下乾上　讼①有孚，窒惕②。中吉，终凶③；利见大人，不利涉大川。

初六　不永④所事，小有言，终吉。

九二　不克讼⑤，归而逋，其邑人三百户，无眚（shěng）⑥。

六三　食旧德，贞厉，终吉⑦；或从王事，无成⑧。

九四　不克讼，复即命渝⑨，安，贞吉。

九五　讼，元吉⑩。

上九　或锡之鞶（pán）带⑪，终朝三褫（chǐ）之⑫。

注 释

①讼：卦名。通行本为第六卦，帛书本为第五卦。通行本《讼》卦次列于《需》卦后，是因为二者在爻画上是卦爻反覆或上下卦颠倒的关系。

②窒惕："窒"读为"怪"，惧也（闻一多等说）。

③中吉，终凶："中"指前半段，"终"指后半程。《易》通常以"初"、"终"相对，如"初吉终乱"、"无初有终"。"初"与"中"皆指事物进展前半段。

④永：长，长久、彻底地做下去。

⑤克讼：犹言胜诉。

⑥归而逋，其邑人三百户，无眚："逋"，逃匿、躲藏。"其"，指代"归而逋"的败诉者。"邑"，城邑，为败诉者凭祖上恩荫所受封的领地。"人三百户"，喻城邑不大。"眚"（shěng），灾患。"无眚"，指"归而逋"的败诉者及其领地中的三百户人家均无灾祸。

⑦食旧德，贞厉，终吉："食"，享用、安享。"旧"，释为"恭祖旧"之"旧"。"旧德"，指因祖上恩荫所享受的俸禄。"贞厉"，占问不利。"终吉"二字帛本无，然《象传》说"食旧德，从上吉也"，可知《象传》所据本有"终吉"二字。

⑧或从王事，无成："或"，抑或、假若。"无成"，不会有成功。"食旧德"喻无为，"从王事"喻有为。六三居下卦之终，处不当位，为二阳所摄，故无为则"吉"，有为则"无成"。

⑨复即命渝："即"犹"则"。"复即"犹九二之"归而"。"命"，命令，上级命令下属。"渝"当从帛本作"俞"。《礼记·内则》"男唯女俞"，"俞"是唯喏之义，"命俞"谓唯命是听。

⑩讼，元吉："元"，大。九五居中得正，喻诉讼适可而止，则可获吉。或谓"讼"非指诉讼者，而是指决讼者、断案者，可备一说。

⑪或锡之鞶带："或"，或许。"锡"，赐。"鞶带"，男子腰间所系皮制大带。《礼记·内则》"男唯女俞，男鞶革，女鞶丝"。

⑫终朝三褫之："终朝"，一日之内。"三"，喻多次。"褫"，夺，剥夺。"或锡之鞶带，终朝三褫（chǐ）之"，盖谓上九居卦之终，刚勇不已，诉讼不止，或许一时因胜诉而有受赏鞶带之荣，但终有被夺回赏物之辱。

讼卦：讼：象征争讼。讼卦卦象是下单卦为坎，险陷；上单卦为乾，代表刚健。只要心怀诚信，加以警觉，申辩中，持中和之道不偏不倚，可获吉祥；如果始终强争不息，不见好就收，则有凶险。利见大德大才之人，不宜涉越大江大川。

初六：不利于长久困于争辩不休中，应减少口舌，平息是非，最终可获吉祥。

九二：食邑：古代做官之人世袭为生，食先祖领地的俸禄。明智地退出是非之地，暂避到有利于自己的地方，意指逃到只有三百户的小邑，便可息事宁人躲过灾难。

六三：安享昔日俸禄，守住纯正的美德，虽然此地仍会有不中不正之事，但最终可获吉祥。或许还有辅佐君王的可能，但居功不足。

九四：争讼失利，回归正理，改变争讼的初衷，安贞守正，则可以平安无事。过去的功败，得失皆可不计。

九五：审断争讼，应判明是非曲直，并从事情开端就将争讼平息下来。中正无讼则吉。

上九：也可能由于决讼清明而荣获颁赐或加封，但由于君王反复无常，一天中又三次下令收回，这是要警觉的，莫忘荣辱。

师卦 ䷆

坎下坤上　师[1]贞丈人吉，无咎[2]。

初六　师出以律[3]。否臧[4]凶。

九二　在师中[5]。吉无咎，王三锡命[6]。

六三　师或舆尸[7]，凶。

六四　师左次[8]无咎。

六五　田有禽[9]，利执言[10]，无咎。长子帅师，弟子舆尸[11]。贞凶。

上六　大君有命，开国承家，小人勿用[12]。

注 释

①师：卦名。通行本为第七卦，帛书本为第三十七卦。此与《屯》、《蒙》、《需》、《讼》等卦皆含《坎》卦，故次列于《讼》卦之下。

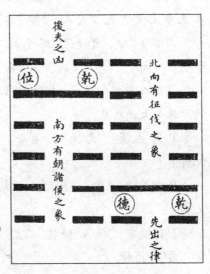

师比御众图

②贞丈人吉，无咎："贞"，占问。经文"贞"字基本为占问之义，传文"贞"字大体为正或正固之义。"丈人"，《子夏传》作"大人"。按：作"大人"为是。《易》中"丈人"仅此一见，似颇可疑。《易》中"大人"或谓五，或谓二，总之皆当居中。此处"大人"即指九二。《易》中"某某贞吉"与"贞某某吉"意思相同。如《履》卦九二"幽人贞吉"、《恒》卦六五爻辞"贞妇人吉"，《小象》云"妇人贞吉"；又如《困》卦卦辞"贞大人吉，无咎"。《象传》说"贞大人吉，以刚中也"，此指九二，与《师》卦同。

③师出以律："以"，用，遵守。"律"，音律、号令，犹言军纪。

④否臧：不善，犹言不遵守军纪。《象传》的"失律"即是对"否臧"的转译。

⑤在师中："师中"即"中军"，言大人居于中军以为统帅。又九二之大人居于下卦之中，此为"中"之第二义。

⑥王三锡命："王"即上面的"大君"，指天子。"三锡命"，指王多次奖赏九二大人。"锡"同赐。"命"与"赐"同（《小尔雅·广言》"命，予也"，赐予）。"王三锡命"是对"吉无咎"的说明。

⑦师或舆尸："或"，或许。"舆尸"，用车子运载战死士兵的尸首。此是大凶之象。

⑧师左次："左次"，退舍，退守驻扎（"左"，退；"次"，停留）。

⑨田有禽："禽"，指猎物。或训为"擒"，然与下文之"执"义复。

⑩利执言："执"，猎取。"言"犹《诗》"薄言采之"之"言"，同"焉"，语辞。

⑪长子帅师，弟子舆尸："长子"指"在师中"之九二。九二

居中，趋时而动，故或"左次"或"利执"，均能吉而无咎，所谓"师出以律"也。"弟子"指"舆尸"之六三。六三以阴居阳，下乘刚而上无应。又居下卦之终，才弱而刚，贸然而进，宜其"舆尸"，所谓"否臧"者也。六五以刚中之长子帅师，而又以卤莽之后生拨乱其间，故云"贞凶"。

⑫大君有命，开国承家，小人勿用："大君"，即"王三锡命"的"王"，指天子。"命"，颁赐。古云"诸侯有国，大夫有家"。"开国"，谓建国封为诸侯。"承家"，谓立家封为大夫。"开国承家"呼应卦辞"贞大人吉"。"小人勿用"，谓小人不可施用。此盖由"弟子舆尸"而得出之教训。小人施用于世，则乱必生。

译文

师卦：军队的运用原则是讨伐邪恶，维护正义；统帅由老成持重、经验丰富的将领担任才会吉祥，没有差错。

初六：军队出征时的第一件事情是申明纪律；纪律不严明的军队，前途必然凶险。

九二：统帅指挥有度，赏罚公正，所以连连获胜，并且因为各方面都没有差错，所以屡次受到君王的嘉奖勉励。

六三：统帅轻举妄动，载尸败阵，凶险无比。

六四：统帅依据兵法布阵于高地左前方，没有差错。

六五：如同为了消灭害稼之禽而打猎一样，两军对阵时应先向对方晓以大义，既可以压抑对方锐气，又可助长己方为正义而战的斗志。军队只能交付一人统帅，全权指挥，如果让一些志大才疏的人分权干扰，必然载尸而归，即使正义之师也难逃厄运。

上六：君王论功行赏，有大功者封侯赐地，有小功者封妻荫子世袭官爵；但对于那些有功无德的人，却只赏赐金帛之物，不封官任用。

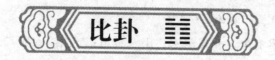

比卦

坤下坎上　比①，吉。原筮，元永贞，无咎②。不宁方来，后夫凶③。

初六　有孚比之，无咎④。有孚盈缶，终来有它，吉⑤。

六二　比之自内⑥，贞吉。

六三　比之匪人⑦。

六四　外比之⑧，贞吉。

九五　显比⑨。王用三驱，失前禽，邑人不诫，吉⑩。

上六　比之无首，凶⑪。

注 释

①比：卦名。通行本为第八卦，帛书本为第十九卦。此与《师》卦为上下卦颠倒的关系，即《师》卦为下坎上坤，而《比》卦则为下坤上坎，故《比》卦次列于《师》卦之下。

②原筮，元永贞，无咎："原"，旧注多训为"再"。俞樾训为"始"，可从。"原筮"，即最初占筮、初次占筮。"元永贞"，高亨以为"元"下夺"亨"字。然《萃》卦亦有"元永贞"，"元"下亦无"亨"字；帛书本两卦均作"元永贞"，同样无"亨"字。疑"元"

训为善。"元永贞"犹利永贞。"永贞"，问长久之事。亲比他人，长久下去，必无灾咎。

③不宁方来，后夫凶："不宁"，不安分、不顺从。"方"，指周边小国。"来"，来亲比、来归附。"后"，指拖延犹豫者。"夫"，语辞。这样解释，与《象传》相合。但亦可有另解。"方来"犹《困》卦九二"朱绂方来"之"方来"，将来。"后夫凶"，言然后乃有凶（"夫"犹"乃"）。此言不安宁之事将至，然后乃有凶险。

④有孚比之，无咎："之"，指代他人。初六言"有孚比之，无咎"，犹卦辞"原筮无咎"。

⑤有孚盈缶，终来有它，吉："盈"，与"倾"通（《老子·二章》"高下相倾"，帛书本作"盈"），倾覆。"缶"，瓦罐一类的器具。《方言·卷五》"缶，其小者谓之瓶。"《屯》卦《释文》引郑注"缶，汲器也"。瓶罐之倾覆，为不吉之兆，《井》所谓"赢其瓶，凶"是也。"终来有它，吉"旧皆读为"终来有它吉"，释为终有其他吉祥。此不可从。《说文》"它，虫也。上古草居患它，故相问无它乎"，"它"字重文作"蛇"。古人称意外之患为"它"。"终来"犹言终将。"终来有它"，如"比之匪人"之类。但尽管终将有它患，总归亲近他人还是吉祥的，这即是卦辞所说"元永贞，无咎"。于省吾以"来"当作"未"，备一说。

⑥比之自内：即"自内比之"，言自己主动与别人亲近。"内"谓内卦，就自家而说。

⑦比之匪人："匪"同"非"，帛书即作"非"。言不该亲近的人却去亲近他。此处不言占，然"有它"之占已寓于其中。

⑧外比之：即"自外比之"，言他人来亲近自己。"外"谓外卦，就别人而言。

⑨显比："显"，尊显、尊贵者，指九五之"王"。尊贵者亲比的对象是众人。"显比"即"（自）显比（之）"。

⑩王用三驱，失前禽，邑人不诫，吉："王用三驱"，是说王使用"三驱"田猎法。"三驱"，是说设围三面，前开一面，入围者射而取之，前逃者听其自去，故下句云"失前禽"。"失"同"佚"，谓放纵、放走。"前"谓从前面逃走。"邑人"，指九五之"王"出狩行猎的属邑之人，即属下（《讼》九二之"邑人"即指九二大夫之属下，与此同）。"诫"同"戒备"之"戒"，帛书即作"戒"，谓有所戒备以拦截前逃之猎物。

⑪比之无首，凶："首"犹豫。"无首"，谓没有开端。

译文

比卦：相亲相助必然大吉，即便占筮问讯也是大吉大利，不会有灾难。看到别人相亲相助，因而心里过意不去才违心地依附上去，其结果必然凶险。

初六：建立在诚信基础上的相亲相助不会有错。诚信的基础如同装满酒的陶罐一样充实，最终会有意料不到的好结果。

六二：相亲相助发自内心，动机纯正，吉祥。

六三：不能与心怀叵测的人相亲相助。

伯牙子期的友谊情深

六四：向外亲近贤明高尚的人，只要动机纯正必然吉祥。

九五：相亲相助的原则是宽宏，就像天子狩猎，必定要网开一面，凡是逃出罗网的动物一概不追。有这样的仁义宽宏，父老乡亲不会产生戒惧惶恐之心，因而吉祥。

上六：相亲相助，没有好的开端，必然凶险。

小畜卦

原文

乾下巽上　小畜①亨。密云不雨，自我西郊②。

初九　复自道③，何其咎？吉。

九二　牵复④，吉。

九三　舆说辐，夫妻反目。

六四　有孚血去⑤，惕出无咎⑥。

九五　有孚挛如⑦，富以其邻⑧。

上九　既雨既处，尚德载，妇贞厉，月几望，君子征凶。

注释

①小畜，卦名。通行本为第九卦，帛书本为第五十八卦。《小畜》卦的下卦为《乾》，盖由《比》卦的下卦《坤》变来，故次列于《比》卦之下。

②密云不雨，自我西郊：从《小畜》卦名上看，"密云不雨，自我西郊"是说含雨之云蓄积得尚且不够，故未有雨降。从卦象卦位看，下卦《乾》为西北方之卦，而上卦《巽》为东南方之卦，爻画自下而上，密云由西往东，崔寔《农家谚》曰"云往东，一场空"，故卦辞云"不雨"。

③复自道："复"，返回、回家。"道"，旧路、来路。小走生路，而从旧路返回，故"何其咎？吉"。

④牵复："牵"，从下文"舆说辐"看，指拉着车子。

⑤有孚血去："有孚"，卦兆显示。"血"，阴忧之象，喻指忧患。"血去"，谓忧患离去（又按："血"为阴阳相伤之象，"血去"，谓阴阳复归于和谐，此承上"夫妻反目"而说，也通）。

⑥惕出无咎："出"疑"之"字之讹。"出"与"之"，古籍互讹者甚多。"惕之无咎"犹《乾》卦九三"夕惕若，厉无咎"。

⑦有孚挛如："挛"同"娈"，好（参见《大有》及《中孚》注）。"如"，语辞。

⑧富以其邻："富"，富裕。"以"犹"与"。谓将泽余施及邻人，正是诚其"小畜"之义。九五无占辞而其占自明。《象传》"不独富也"，释义正确。

译文

小畜卦：象征小有积聚。小畜卦卦象是下单卦为乾，为大，为健；上单卦为巽，巽为风。风行天上。筮得此卦亨通。浓云密布虽不降雨，云气从我邑西郊升起，终归会下大雨。意旨文章才艺与道德君子尚未到达有作为的时刻。

初九：不要太过刚阳，要回归自身的道行，才不会有什么灾祸。过于猛烈了，就要回头，这才吉祥。

九二：与志同道合的人携手而进，处于中庸而得正，也能获得吉祥。

九三：阳刚前行，阴柔挡道，正如车轮脱了轴，夫妻反目为仇。

六四：如能谦容大度，并得到有力的相助，就可以避免伤害和恐惧，远离血光之灾，有惊无险。

九五：只要以诚信之德与人相处，并真诚配合，便可刚柔相济，共同致富。

上九：天上已然降下大雨，风已经停息。积集的德行与富贵都可用车轮来载运了，这时就要想到福、灾所依之事，未雨绸缪，以盈满告诫自己，家道也是如此，悍妻持家，必有祸秧。

履卦 ䷉

兑下乾上　履①履虎尾，不咥人，亨②。

初九　素履，往无咎③。

九二　履道坦坦，幽人贞吉④。

六三　眇能视，跛能履，履虎尾，咥人，凶。武人为于大君。

九四　履虎尾，诉诉，终吉⑤。

九五　夬履，贞厉。

上九　视履考祥，其旋元吉。

注　释

①履：卦名（按："履虎尾"之"履"字下当有重文号，上
"履"字为卦名。今从刘沅、高亨等说补"履"字）。通行本为第十
卦，帛书本为第四卦。此与第九卦《小畜》卦为卦爻翻覆的关系，
即按住《小畜》卦的初爻，使全卦从上翻覆下来，即成《履》卦。

②履虎尾，不咥人，亨："咥"，咬啮。"履虎尾"喻人处于险
境。人处险境何以未受伤害反而亨通呢？九四回答得很清楚："履
虎尾，诉诉，终吉。"处《履》之时，当行九四之道，此为全卦之
宗旨。

28

③素履，往无咎："素履"，朴素的鞋子，喻以纯正自守。初九虽尚未履于虎尾之上，但已上《履》道，须自守纯正，方可无咎。

④履道坦坦，幽人贞吉："坦坦"，平坦。"幽人"，幽隐之士。《履》卦下卦为《兑》，《兑》为泽，九二正是指草泽中幽隐之士。《归妹》卦上《震》下《兑》，九二亦云"利幽人贞"，与此同。"履道坦坦"喻幽隐之士将发于草泽而有所"龙现"也（《乾》卦九二云"见龙在田"）。

⑤履虎尾，诉诉，终吉："诉诉"，戒惧。九四与六三相反，本为刚爻，却自处柔位，又能时时戒惧，故终能不被虎咬，亨通吉祥。九四爻辞解释了卦辞"履虎尾"而何以"不咥人，亨"。

译 文

履卦：踩到了老虎尾巴，没有被咬，安然通行。

初九：不为非分之利所诱，我行我素，前进中不会有过失。

九二：心胸坦荡，不求闻达，执著于正道，必然吉祥。

六三：独眼虽能观物，难免偏颇，跛子虽能行走，终不安稳，这就好比踩到老虎尾巴而被咬伤，又像武夫治政一样不正常。

九四：踩到老虎尾巴时，只要处置谨慎，小心翼翼，终能吉祥。

九五：刚愎自用，一意孤行，必有危险。

上九：行为谨慎，思虑成熟圆满，大吉。

泰卦 ䷊

坤上乾下　泰①小往大来②，吉，亨。

初九　拔茅茹，以其汇③，征吉。

九二　包荒④，用冯河，不遐遗；朋亡，得尚于中行。

九三　无平不陂，无往不复，艰贞无咎。勿恤其孚，于食有福。

六四　翩翩，不富以其邻，不戒以孚。

六五　帝乙归妹，以祉元吉。

上六城复于隍⑤，勿用师。自邑告命，贞吝。

注 释

①泰卦：通也。坤上乾下。象征自然与社会的祥和美好。

②小往大来：小的往外，大的内来。

③汇：同类会信。茹：草根。茹以其汇：草根的根相连，以致牵连其同类。

④包荒：荒是污秽，包是包容。冯河：即遇到虎，徒于搏斗；遇到河，毅然

泰卦图

30

涉渡。不遐遗：不因偏远而遗弃。遐，远。朋亡：不要结党营私。朋，同道，同党。亡，通"无"，音义同。得尚于中行：能辅佐德行持中的君王。尚，辅佐。中行，德行持中不偏。此指六五爻。

⑤隍：干涸的护城河。勿用师：不可出兵征战。师，军队。告命：祷告天命。

泰卦：象征通泰。泰卦卦象是下单卦为乾，为天，为健；上单卦为坤，为地。乾下坤上是地在泰的卦象。筮得此卦必获吉祥。

初九：拔除杂草，从其根部萌发的情况，就可知道是否春回大地，该开始播耕了。连根拔除杂草，也象征干事要以团结志同道合的人一起去汇征。

九二：如果有包容大川的胸怀，对外能容忍他人之不足，对已有临危不惧，果断处之的作风，于公对私光明磊落，持中正之道，必吉。

九三：没有只平直而不倾险之地，也没有只出行而不再返还的人；平之必陂，往之必复，这是自然之理。故要坚守中正之道，并相信该来的一定会来。该有饭吃，该有酒喝，自然会来，这就是福。复有福吉。

六四：用鸟的轻盈飞翔，比拟人之轻狂冒进，不能保住财富，人没诚信就成为阳实阴虚的状态，因而，丧失了实力。

六五：帝已位居尊位，却能将自己的妹妹下嫁给自己的属臣，以柔居中，合于帝已大吉，也体现了满朝的福祉。

上六：城墙倾倒在城壕之中，不可以动用很多人去修复，因为此时已盛极已衰。也不宜在城邑中乞求援兵，难免有羞辱。在城邑中祷告天命，占问必有艰难之兆。

否卦

坤下乾上　否［之匪人］[①]。不利君子贞，大往小来[②]。

初六　拔茅茹，以其汇，贞吉，亨。

六二　包承，小人吉，大人否亨。

六三　包羞。

九四　有命[③]，无咎，畴离祉[④]。

九五　休否[⑤]，大人吉。其亡其亡，系于苞桑[⑥]。

上九　倾否[⑦]，先否后喜[⑧]。

①否［之匪人］：否，卦名。"之匪人"三字涉《比》卦"比之匪人"而衍（朱熹说），可删，《象传》同。通行本为第十二卦，帛书本为第二卦。此为《泰》卦之上下卦颠倒，故次列于《泰》卦之下。

②不利君子贞，大往小来："君子"与爻辞之"大人"意思接近，指有德者、

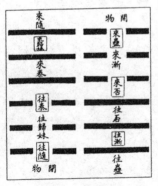

否泰往来图

有位者。"贞"，占问。"大"，指阳，在此泛指好的事情或事物。"小"，指阴，泛指不好的事情或事物。

③有命："有"，犹保、持，奉持。"有命"，奉持天命。否至强劲，转泰之几已萌，奉持天命，坚定信念，则可无咎。

④畴离祉："畴"，发语辞（《礼记·檀弓》注"畴，发声也"）。"离"同"丽"，依附、接近。"祉"，福祥。

⑤休否："休"，终止。

⑥其亡其亡，系于苞桑："亡"，指失去止否为泰的转机。"苞"，丛茂、密聚。

⑦倾否："倾"，倾覆、扭转。

⑧先否后喜："先"谓事物发展的前半段，"后"谓事物发展的后半段。

译文

否卦：贤路闭塞的时期，君子的正直行为必然受到打击，于是强者离去，弱者到来。

初六：拔起一把茅草，发现它们的根系紧紧地缠连在一起，这正是茅草健壮生长、繁茂昌盛的原因。

六二：当政的庸人尚能包容有德贤人，宵小之辈很得势，贤德之士便须潜隐，学会变通之道。

六三：包含羞耻。

九四：时机成熟，奉持不会有错；联合同志，更可以一起享福。

九五：闭塞的局面终于结束，德才兼备的君子吉祥如意。居安思危，经常说"我将亡，我将亡"，开明的局面才能像根深叶茂的桑树一样坚固。

上九：闭塞的局面已经彻底结束，随着坏运的消亡，随之而来的是喜庆。

同人卦

离下乾上　同人①于野，亨。利涉大川，利君子贞。

初九　同人于门②，无咎。

六二　同人于宗③，吝。

九三　伏戎于莽④，升其高陵，三岁不兴。

九四　乘其墉⑤，弗克攻，吉。

九五　同人，先号咷⑥而后笑，大师克相遇。

上九　同人于郊，无悔⑦。

注 释

①同人卦：离下乾上，象征人事和同，集众之意。野：在古代，以国为中心，国外为郊，郊外为野，此指国之外域。

②于门：指王门、宫门。

③宗：宗族之人。

④伏戎于莽：预设伏兵于草莽、树丛之中。伏，埋伏。戎：军队。莽：树丛。升：登上。岁：年。兴：指兴兵征战。

⑤乘其墉：登上城墙，乘，登上即攻占。墉，城墙。弗克攻：不用进攻。克，能。

⑥号咷：号啕大哭。大师：强大的军队。克：取胜。

⑦悔：困厄。

同人卦：象征人事和同。同人卦卦象是下单卦为离，离为火；上单卦为乾，乾为天。两单卦结合为天火，同人的卦象。在旷野上族众聚集在一起，光与火聚，人与人同。亨顺利。利于涉越大川巨流，有利君子。

初九：必无灾祸，会聚臣僚及民众于王门，打破门户之见，共谋国家大事，必无灾祸。

六二：君子要结交天下善人志士，不可搞宗族门派，否则不利于君子之风阐扬天下。

九三：刚健居中，必遭显露，难有胜草。必须在草丛中设下伏兵，登高而远眺。结果强敌不敢近前，三年也没有战争。

九四：虽君子已占优势，但尚不能为此而强用兵，这是识时务的。

九五：和同之中有哭，有笑，有苦有甘。先悲苦，是因为中正不得伸张，当大家归于一统，又不免破涕为笑。当大军出征告捷，各路兵马相遇会合，同庆胜利时，天下一同。

上九：但愿天下同人。但是这个目的尚未达到。有些桀骜不驯的人还在离群索居。像这种无求同之志的人，虽非他甘心情愿，但他并不后悔。

大有卦

下乾上离　大有①元亨。

初九　无交害，匪咎②，艰则无咎③。

九二　大车以载，有攸往，无咎④。

九三　公用亨于天子，小人弗克⑤。

九四　匪其彭⑥，无咎。

六五　厥孚交如，威如⑦，吉。

上九　自天祐之，吉无不利。

注 释

①大有：卦名。通行本为第十四卦，帛书本为第五十卦。此卦为《同人》卦的上、下卦颠倒，故次列于《同人》卦下。《同人》卦为上《乾》下《罗》，谓天下有罗，欲网罗天下之人。《大有》卦则上《罗》下《乾》，罗在天上，天下之物无所不网，故曰"大有"。

大有卦图

②无交害，匪咎：高亨释"无交害"为"彼此无相贼害"，可从。"匪咎"，不责备于他人（"咎"，责也）。欲"大有"，首当不侵害、不责备于他人。

③艰则无咎："则"，而也（《经传释词》）、"能"也（《古书虚字集释》）。若能不相侵害、不相责备，则虽遇艰难而能无咎。

④大车以载，有攸往，无咎："载"，载人、载物。"大车以载"，喻广罗天下人才、财物，《系辞传》所谓"何以守位曰人，何以聚人曰财"。若能如此，则凡有所行，必无有不利。

⑤公用亨于天子，小人弗克："公"与"天子"对举，指公卿、诸侯。"用"，指用其网罗所获，此承"大车以载"而说。"亨"同"享"，献也。"弗克"，不能，做不到。

⑥匪其彭："彭"，大、盛多。"匪其彭"，不自大、不炫耀富有。

⑦厥孚交如，威如："厥"，其。"孚"，卦兆。"交"，好（《史记·晋世家》索隐）。"如"，语气辞，下同。"威"，帛书本作"委"，顺也。

译文

大有卦：大有收获，无往不利。

初九：人与人之间不彼此伤害，就不会有什么祸患；即便处境艰难，也能相安无事。

九二：用大车载物，即使路比较远，也可以顺利到达。

九三：贤德的公侯享受着天子赐予的厚禄，宵小之徒则得不到任何赏赐。

九四：位高不凌人，灾祸不及身。

九五：志同道合者先是呼号悲哭，后来破涕为笑，因为终于与更多的志同道合者汇聚在一起战胜敌人。

上九：与远郊之人沟通思想成为同人，不会后悔。

原文

艮上坤下 谦①亨，君子有终②。

初六 谦谦君子③，用涉大川，吉。

六二 鸣谦，贞吉。

九三 劳谦君子，有终吉④。

六四 无不利，捣谦。

六五 不富以其邻，利用侵伐，无不利。

上六 鸣谦，利用行师，征邑国。

注释

①谦：卦名。通行本为第十五卦，帛书本为第三十五卦。《谦》与《大有》在卦爻上没有内在联系；也就是说，它们既不是爻画互变的关系（如《乾》变《坤》），也不是卦爻翻覆的关系（如《小畜》与《履》），也不是上下卦颠倒的关系（如《同人》与《大有》）。《谦》与《大有》在帛书中并不毗连，属不同宫，通行本《谦》次列于《大有》之后，按照《序卦传》的说法是"有大者不可以盈，故受之以谦"。

②君子有终："有终"，最后会有好结果。

③谦谦君子："谦谦"，谦而又谦。谦以下为贵，初爻最下，故云"谦谦"。据初爻"谦谦君子"，可推知六二"鸣谦"、九三"劳谦"、六四"扬谦"、上六"鸣谦"之下皆省去"君子"二字。

④劳谦君子，有终吉：谓君子有功在身而仍能行谦道，故有好结局而吉祥。九三处下卦之终，将出地中之山，养谦之功已成，故云"劳谦"（"劳"，功也）。

译 文

谦卦：象征谦谨。谦卦的卦象下单卦是艮，艮为山，为止；上单卦为坤，坤为地，为顺。内止知道抑止，乃谦也。只要谦虚地待人接物，做事必然亨通；然而只有君子才能无始也有终，虚心而识时务。

初六：凡君子都是谦而又谦，君子凭着这种谦虚的美德陶冶自己的修养，才可以涉越大江大川，并获吉祥。

六二：柔顺中正是谦虚的美德，真正做到坦诚而光明磊落，不形诸于外，就能深得众人的共识、共鸣，必获吉祥。

九三：能够始终辛劳而不夸耀，功而不骄，并匡济众人。君子能保守这种美德，必获吉祥。

六四：只要持守发挥谦虚的美德，处人行事便无往不利。

六五：本身虽不富有，但能以德服人，从而得到友邻的拥戴。即使为了征讨侵伐之敌，不得已使用了武力，也让人折服。

上六：传扬谦虚的美名，兴兵征伐，抵御来犯之敌，都是为了显示其德，力量和德分不开。而没有功劳，又如何能显谦。就是这个道理。

豫卦 ䷏

坤下震上　豫^①利建侯，行师^②。

初六　鸣豫^③，凶。

六二　介于石，不终日，贞吉。

六三　盱（xū）豫，悔；迟，有悔。

九四　由豫，大有得；勿疑，朋盍簪。

六五　贞疾，恒不死^④。

上六　冥豫，成有渝，无咎。

注 释

①豫：卦名。通行本为第十六卦，帛书本为第二十七卦。《豫》卦与《谦》卦是卦爻翻覆的关系，故次列于《谦》卦后。

②利建侯，行师：即"利建侯，利行师"。"建侯"，建国封侯。"行师"，出师征战。从卦名上看，众人和乐则既利建侯、又利行师。从上下卦来看，下卦《坤》象众民，人众则宜建侯使司牧之；上卦《震》象动，故利于行师。从卦义上看，建国封侯以为藩屏，备豫不虞；出师征战以防安逸享乐。

③鸣豫："鸣"，声名闻于外，此承《谦》卦上六之"鸣谦"。

40

声名外闻，当行谦道，而初爻反耽于逸乐，宜其有凶险，所谓安而忘危、死于安乐。

④贞疾，恒不死："贞"，占问。"疾"，小病。"恒"，终。"疾"与《豫》卦有何联系？古称帝王患疾为"不豫"，《史记·鲁世家》"武王有疾不豫"。六二不耽于豫，六五则不能豫。不能豫，是欲豫而未遂，故不言凶、吉。

译 文

豫卦：象征欢悦。豫卦的卦象是下单卦为坤，坤为地，为顺；上单卦为震，震为动，为雷。二单卦结合，说明雷发于地。以人事比拟，乐于追随则行动。从而建立授爵封侯的基业、利于兴兵讨伐有罪之师。

初六：凡事不可自鸣得意，夸夸其谈。骄矜而狂妄，将有凶险。

六二：持守正固，像磐石一样坚，而稳妥，该早晨干的，绝不晚上再去做。你这样一丝不苟，自然吉祥。占问定获吉祥。

六三：一味阿谀奉承，自然能得到青睐，但必须悔改，如果一再迟疑，终会陷入困境。

九四：众人凭依他而得到欢乐，将大有作为；君子坦诚不疑，贤者不期而至，不会忧虑但没有好友。

六五：占问疫病的吉凶，筮得此爻幽忧致疾，人气已微，困究一生。故必须坚守中正，才能化凶为吉。

上六：沉迷作乐，其势已危，自苦终身，如果能及早改正，没有灾祸。

周武王画像

随卦 ䷐

原　文

震下兑上　随①元亨利贞，无咎。

初九　官有渝②，贞吉，出门交有功③。

六二　系小子，失丈夫④。

六三　系丈夫，失小子；随有求得，利居贞⑤。

九四　随有获，贞凶⑥；有孚在道以明，何咎⑦。

九五　孚于嘉，吉。

上六　拘系之，乃从维之；王用亨于西山。

注　释

①随：卦名，通行本为第十七卦，帛书本为第四十七卦。《随》与《豫》都含单卦的《震》，故次列于《豫》卦后。

②官有渝："官"，《释文》云"蜀才作馆"。据上六"王用亨于西山"，则"馆"指君王所居之宫室。"渝"，变故。宫内有变故，而曰占问吉利（"贞吉"），此似承《豫》卦上六"冥豫，成有渝，无咎"而说。

③出门交有功："门"，宫门。"交"，谓初六广交天下人。"有功"，有收获。因宫内有变故，故出于宫门；出门则广交天下人而有功，故"官有渝，贞吉"。

42

④系小子，失丈夫："系"，谓勉强拘系而得到。"小子"、"丈夫"，注家多种解释，不一一列举，要之皆未得正解。从上六的"王"看来，"小子"当指小民，"丈夫"指官吏。《讼》卦亦是王、讼者（邑官）、邑民的构成关系。若普通人占得此爻，则谓得小而失大。

⑤随有求得，利居贞：据上下文"有功"、"有获"、"有孚"，则此"随有求得"当即"随求有得"。"随"，追逐。"随求"，追求。"随求"是前二"系"字的换言，追逐、拘系是一回事。"有得"，谓或"系小子"或"系丈夫"。"利居贞"，利于安居之占，谓不妄逐系、安和以待之。

⑥随有获，贞凶："随有获"据上文"随求有得"，当为"随求有获"之省文。六三于"随求有得"后戒之以"利居贞"，而九四仍一味"随求"，故虽"有获"，而其占则凶。

⑦有孚在道以明，何咎："在道以明"，谓道途中有所觉醒。

译　文

随卦："随"具有博大、亨通、利人、诚信的特点，因而不会有失误。

初九：官职有变动，仍然要坚持正道，才会吉祥；广交朋友，事业一定成功。

六二：由于与年轻才浅的人为伴，失去了追随强者的机会。

六三：追随刚强有力的朋友，失去柔弱的朋友；追随强者必有所得，只要动机纯正，便能如愿。

九四：追随他人，为自己捞好处，必有灾祸临头；诚信地走正道，便可以明白所犯何错。

九五：本着诚信之心，择善而从，必然吉祥。

上六：处于囚禁之地，仍然有人苦苦追随，其追随之心，就如同君王祭祀西山之神一般真诚。

蛊卦 ䷑

巽下艮上　蛊[1]元亨，利涉大川。先甲三日，后甲三日[2]。

初六　干父之蛊[3]，有子考无咎[4]，厉，终吉[5]。

九二　干母之蛊，不可贞[6]。

九三　干父之蛊，小有悔，无大咎。

六四　裕父之蛊，往见吝[7]。

六五　干父之蛊，用誉[8]。

上九　不事王侯，高尚其事[9]。

注　释

①蛊：卦名。通行本第十八卦，帛书本第十六卦。此与《随》卦为卦爻翻覆或卦爻反对的关系，故次列于《随》卦后。

②先甲三日，后甲三日：古以甲、乙、丙、丁、戊、己、庚、辛、壬、癸等记日，甲前三日为辛，甲后三日为丁。自辛至丁，七日之内，谓

蛊卦图

44

之"先甲三日，后甲三日"，非谓辛日、丁日两日也。《临》卦"至
于八月有凶"，言八月前皆吉；此谓于辛日至丁日七日内正蛊有成。
参《巽》卦九五"先庚三日，后庚三日，吉"，则《蛊》卦当以有
"吉"字是。言七日之内正蛊可以获吉。《震》卦、《既济》卦六二
爻辞的"七日得"即此七日吉。

③干父之蛊："干"，正（虞注）。《杂卦》亦云"《蛊》，则饬
也"（饬正）。

④有子考无咎：此句历来有两种读法：一种是读为"有子，考
无咎"，释"考"为父；一种是读为"有子考，无咎"，释"考"为
"孝"（于省吾），或释"考"为"成"（尚秉和）。按：此句当读为
"有考（成）无咎"，"子"涉"考"而衍。"考、孝金文通用"（于
省吾说），盖本作"有考"，而或本作"有孝"，"孝"字从"子"，
则涉"孝"而衍"子"字。《复》六五《小象》"中以自考也"，《释
文》引郑注"考，成也"。"有成无咎"，谓正父之蛊能够成功而无
咎害。《坤》卦六三"或从王事，无成有终"、《讼》卦六三"或从
王事，无成"。有成是无成的反面。

⑤厉，终吉：纠正父亲的淫乱，虽有危险，但终归吉祥。前三
爻或厉，或不可贞，或小有悔，可见正蛊之艰。所谓"蛊"，实乃
《诗·墙有茨》"中有茦"之事。而"中茦之言，不可读也；所可读
也，言之辱也"。卫宣公之娶齐女，即属此类。

⑥干母之蛊，不可贞：为什么矫正母亲之淫乱而占曰不可呢？
盖所谓"母"乃是父之妾，也即所谓"诸母"或"庶母"。父之妾
与父之子之间设置有许多禁忌，都是出于对乱伦的戒防，如《礼
记·曲礼》说"诸母不漱裳"（父之妾不能为父之子洗浣内裤）。不
可轻易正庶母之淫乱，也是出于避嫌考虑的。宣姜之与宣公子即是
其事。

⑦裕父之蛊，往见吝："裕"是宽容之义，如字解释自然可以。

但"裕"字在此似可读为"俗",《后汉书·班彪传》注"随君上之情欲谓之俗",《孝经》疏引韦昭云"随其趋舍之情欲，故谓之俗"。听任父亲之淫乱，发展下去自然有咎吝。

⑧用誉："用"，享受、受到。"誉"，称誉。

⑨不事王侯，高尚其事："高尚"，尊尚、重视。"其事"，指纠正家庭淫乱之事。"不事王侯，高尚其事"，谓先齐家、后治国。倘若家蛊未正而从事于王事，则不会有成；即如《讼》卦，己讼未平而"或从王事，无成"也。

译 文

蛊卦：象征积弊日久，拯弊治乱，蛊卦卦象是下单卦为巽，为风；上单卦为艮，为山。两单卦结合风行山止，打旋而邪。盛极而衰，凡事必须防患于未然，才有利于涉越大江大川，用甲前三日甲后三日比喻天时之运转，时事之变化，最后天下大治，长治而久安。

初六：力挽父辈或前任的过失；儿子重整父亲或前任的事业，不指责他们的过错，不抹杀他们的功劳，即使有些艰难，终可避开灾祸，最终会获得吉祥。

九二：匡正母辈的过失，治理家事，只可用柔承的办法，否则必无裁。

九三：改正父辈的过失，儿子尽管过于刚强，为父辈的败绩而焦躁，但仍不失顺承之道，便没有巨大灾难。

六四：姑息宽容父辈的过错，长此以往，定遭谴辱。

六五：匡正父辈的败绩，重整家业，再建雄风，当受誉。

上九：俗民不乐，在为朝廷效命，而专心治家，可以效尤。

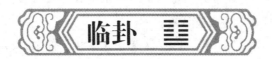

临卦

兑下坤上　临①元、亨、利、贞，至于八月有凶②。

初九　咸临，贞吉③。

九二　咸临，吉无不利。

六三　甘临，无攸利；既忧之，无咎。

六四　至临④，无咎。

六五　知临，大君之宜⑤，吉。

上六　敦临⑥，吉无咎。

注 释

①临：卦名。通行本为第十九卦，帛书本为第三十六卦。

②至于八月有凶：关于这一句的解释，有很多种说法，以闻一多的解释最为可取。闻氏云"我国雨量，以夏秋间为最厚。《孟子·离娄下》曰：七、八月之间雨集，沟浍皆盈。《庄子·秋水》曰：秋水时至，百川灌河……雨及八月而百泉腾凑，川渎皆盈，数为民害，故曰有凶"。八月有凶，是说七、八月间暴雨无住，洪水泛滥，土不能治水，泽潦决堤，停蓄于地上，此正是《萃》卦《象传》所说"泽上于地，萃。君子以除戎器，戒不虞"；《吕览·孟秋

纪》亦云"是月也，完堤防，谨壅塞，以备水潦"。

③咸临，贞吉："咸"，感，感化。初与四为正应，相互感应，故云以感化治民，占问得吉。又按：此"咸"字与二爻之"咸"字帛书作"禁"，《咸》卦之诸"咸"字帛书作"钦"，则《临》卦与《咸》卦之"咸"字当有区别。

④至临："至"，善，妥善（《管子·法法》注）。六四与初九相应，阴阳相感，督治之善成于自然。

⑤知临，大君之宜："知"同"智"，甘、苦适中，为明智之督治。明智之君治民不过于刻苦，亦不过于松缓，适中合宜，故《象传》云"行中之谓也"。

⑥敦临："敦"，仁厚。上六为督治之极，须以仁厚治之，民方可安，《系辞》所谓"安土敦乎仁"（上六为《坤》体，《坤》为"土"）。《坤》之上能仁厚，则下之《兑》泽方能顺治而安。

译 文

临卦：君子临政，有宽容、豁达、利人、中正的美德；但是到了八月，会有凶险。

初九：以诚信的品德感召人民，所以吉祥。

九二：以刚毅中正的政策治民，吉祥而顺利。

六三：甜言蜜语哄骗百姓，不会有好处；一旦认识到这种做法的危险，立即加以改正，便不会有灾祸发生。

六四：君王亲自理政，不会有灾祸滋生。

六五：选用有大智慧的人料理政务，这是伟大的君王最适宜的治国方针，其结果一定吉祥。

上六：敦厚宽仁地施政，必然吉祥无灾祸。

观卦 ䷓

原文

坤下巽上　观①盥（guàn）而不荐，有孚颙(yóng)若②。

初六　童观，小人无咎，君子吝③。

六二　窥观，利女贞④。

六三　观我生，进退⑤。

六四　观国之光，利用宾于王⑥。

九五　观我生，君子无咎⑦。

上九　观其生，君子无咎。

注释

①观：卦名。通行本为第二十卦，帛书本为第五十九卦。此与《临》卦为卦爻翻覆的关系，故次列于《临》卦下。《临》卦说以己观人，卦爻翻转过来便成《观》卦，说己之反观内视。

②盥而不荐，有孚颙若："盥"，祭祀之始，以酒灌地以礼神，谓之盥祭，字亦作"灌"、"裸"。"荐"，盥祭之后，

观国之光图

以各种动物体献祭神明（"荐"，献也）。"孚"，卦兆。"颙"，顺（《荀子·正名》注"颙，体貌敬顺也"）。"若"，语辞。仅以酒灌地礼神，实为薄祭；多献牲体，则为厚祭。然而礼神之初，人心虔诚肃穆；既盥之后，荐牲之际，礼文繁缛，人心涣散。故盥祭菲薄，而虔诚肃穆，卦兆仍可顺人心愿。《革》卦六二"孚乃利用禴"、《升》卦九二"孚乃利用禴"、《既济》九五"东邻杀牛，不如西邻之禴祭，实受其福"，与本卦"盥而不荐，有孚颙若"之语言环境、文意相同（"禴祭"即薄祭）。卦辞之内心虔诚与爻辞之反观内视有内在联系。

③童观，小人无咎，君子吝："童"，幼稚、浮浅。初六距"地上之木"遥远，处在最下，故所观浮浅。小人所观，流于表象、着于形迹，犹"荐"礼也；小人本为"器"，故形而下之观察亦不为失。君子所观，在于深刻，犹"盥"礼也；"君子不器"，故形下之观察则有咎吝。

④窥观，利女贞："窥观"，从门缝中观察，喻所观狭隘。"贞"，占问。上爻"君子吝"与"小人无咎"相对，此爻当是"不利君子贞"（或"不利夫子贞"）与"利女贞"相对。《恒》卦六五"妇人吉，夫子凶"与此同；观《象传》亦可知"利女贞"下承上文省"不利君子贞"或"不利夫子贞"。六二在地中，故所观不广；阴爻柔位，其于女子则可，若为丈夫，则失之鄙陋。

⑤观我生，进退："我生"，我之所行（朱熹《本义》、陈梦雷《浅述》）。《公羊传·桓公八年》注"生犹造也"，造，作为。"观我生"，谓对自己所作所为进行自我观照，以此来抉择动静进退。六三居下《坤》之上，已处地上，具备了自我观照的能力；同时可进可退，其进退取决于反观内视的结果。《履》卦上九"视履考祥，其旋元吉"，也是讲人及时反观内省的必要性。六三虽可进可退，但仍处下卦，故其所侧重在于"进"；九五近亢，其反观内视侧重

在"退"；二者皆"观我生"，涵义则有所区别。

⑥观国之光，利用宾于王："光"，日光气（《需》卦虞注"离日为光"，《礼记·祭义》注"光犹气也"），表一人或一国之气运。《易》之占"光"即来于古之占气、占晖，《未济》卦六五《小象》"君子之光，其晖吉也"即此。"宾"，从。"宾于王"，即《易》之"或从王事"。通过对国家气运的观察，认为从于王事有利，六四已出《坤》入《巽》，离地入木，故能登高望远，观国之光，摆脱短浅狭隘之见。

⑦观我生，君子无咎：九五近亢，及时反省，须时而退，慎戒盈满，故能"无咎"。持盈定倾之功，即在此爻。

译文

观卦：象征瞻仰。观卦卦象是下单卦为坤，为地；上单卦为巽，为风。两单卦结合为：风行地上。有顺的意思。祭祀之前洗手自洁时便要像进献酒食举行祭典礼拜那样虔诚自躬，方能以自己的仪象、道义展示于人，从而使人民信仰臣服。

初六：庶民无知，不能高瞻远瞩，无可指责，而对于立命君子而言，却是不可理喻之事。

六二：古代女人足不出户，难免有头发长，见识短之嫌，而堂堂七尺男子还从门内窥视之，甚至吹毛求疵，只能坏事。

六三：能观察自己的主张，进不趋类，退不沮丧，便不会盲从了。

六四：观察一国的风土人情，就能观察到这个国家君主的治国之政，君王德政好，尚仕之，有贤的大夫还会前来投靠。

九五：君子能经常自醒自己所作所为，做到内省外察便不致有远虑。

上九：君子外能观国之民俗民情，内能省醒自身，便可尽其道，以图发展。

噬嗑卦

震下离上　噬嗑①亨。利用狱②。

初九　屦 (jù) 校灭趾③，无咎。

六二　噬肤灭鼻④，无咎。

六三　噬腊肉遇毒⑤，小吝，无咎。

九四　噬干胏 (fèi)，得金矢，利艰贞，吉⑥。

六五　噬干肉，得黄金，贞厉，无咎⑦。

上九　何校灭耳，凶。

①噬嗑：卦名。通行本为第二十一卦，帛书本为第五十五卦。"噬"，啮，用牙齿决物。《礼记·曲礼上》"濡肉齿决"，即此"噬"字之义。帛书"噬"作"筮"，《易·蒙》《释文》云"筮，决也"。"嗑"，合（《序卦传》）。人有违法犯案者，决之使合于法，故卦名《噬嗑》、卦辞言"利用狱"。

②利用狱：利于决狱断案。六十四卦卦爻辞中"狱"及"利用狱"仅此一见，亦可知本卦为专论狱案刑律之卦。

③屦校灭趾："屦"，鞋。在此用作动词，指脚上戴着。"校"，

52

木制刑具，在脚为桎，在手为梏，在肩为枷。"屦校"，脚上戴着刑具。"灭"，去除、割掉。爻在初位，故言"屦"、"趾"，此喻初犯，刑之以轻，以惩其后，故占辞曰"无咎"。中间四爻，受惩之因，皆由贪欲；初、上未言，盖省文也。

④噬肤灭鼻："肤"，肥肉（陈梦雷《周易浅述》"肤，腹下柔软无骨之肉"）。贪吃肥肉，喻人之贪欲动心，僭越名分。"贫民菜食"（《汉书·鲍宣传》），食肉僭越，因之受惩。"鼻"为七窍之最显者，为嗜欲之代表，故割其鼻以惩其欲。《周易参同契》"耳、目、口三宝，固塞勿发扬"、《老子》"塞其兑"，皆谓闭塞人之嗜欲孔窍，使心不外淫。

⑤噬腊肉遇毒："腊肉"，经腌制晾晒过的肉干。"遇毒"，谓肉毒入口而未入于脏器，喻因经小惩而免于大祸，故占辞云"小吝（害）无咎"。

⑥噬干胏，得金矢，利艰贞，吉："干胏"，经过晾晒带骨的肉干。"金矢"，没入腊物骨肉中的铜箭头。"利艰贞吉"衍"利"字，当从帛书作"艰贞吉"。《周易》可说"利艰贞"或"艰则吉"、"艰贞无咎"，而不说"利艰贞吉"，"利"与"吉"重复。"艰贞吉"，谓占问有险而终可化夷。遇得金矢是"艰贞"有险，未吞入腹中是"吉"而化夷。此亦喻因小惩而免大祸。

⑦噬干肉，得黄金，贞厉，无咎："干肉"，普通的肉干，与"腊肉"略有别。"得黄金"，帛书作"遇毒"。按：当从帛书，今译文即从帛书。上卦的《观》卦三、五爻亦均说"观我生"，与此卦三、五爻均说"遇毒"的重复情况相近。九四之云"得金矢"，因九四为阳刚；六五与六三均为阴爻，故均以遇阴毒说之；六五阴爻，不当云"得黄金"。《蒙》卦六三"见金夫"之"金夫"（闻一多以为当作"金矢"）亦是指九二阳爻，与此同。"贞厉无咎"，占问危险而终无咎患。

译 文

噬嗑卦：上下颚咬合将食物嚼碎，肠胃便亨通，这个道理对于治狱有借鉴意义。

初九：罚戴脚镣，还把脚趾割掉，从此不再犯罪。

六二：因为偷吃肉而被罚割掉鼻子，从此不再犯罪。

六三：咬食变质的肉干时不幸中毒，经过一番小小的磨难，总算没有酿成灾祸。

九四：啃食带骨的兽肉时，发现肉中不仅有骨头，还有折断的铜箭头。艰难复杂的治狱经历，对于坚持履行正道的人总是有利、吉祥的。

六五：吃干肉时发现肉中嵌有细粒黄金，稍不小心咽下去便有生命之危。秉公断案往往有危险，但不是由于过失。

上九：罪大恶极的囚犯，肩负枷锁，耳朵被割去，结局凶险。

贲卦 ䷕

离下艮上　贲①亨，小利有攸往②。

初九　贲其趾，舍车而徒。

六二　贲其须③。

九三　贲如濡如④，永贞吉⑤。

六四　贲如皤（pó）如，白马翰如，匪寇婚媾 (góu)⑥。

六五　贲于丘园，束帛戋戋，吝，终吉。

上九　白贲，无咎。

注 释

①贲：卦名。通行本为第
二十二卦，帛书本为第十四卦。此
与《噬嗑》卦为卦爻翻覆的关系，
故次列于《噬嗑》之下。《噬嗑》
通过决狱使人合于正道，《贲》卦
通过婚媾使男女相合。

②小利有攸往："小利"，微小
之利。又解："小"谓阴，指女方

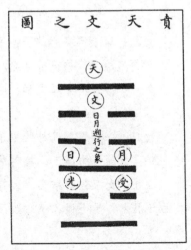

贲天文志图

（《遁》卦卦辞"亨，小利贞"，荀爽注："阴称小"）。此言有所行往有利于女子。此与《屯》卦九五"屯其膏，小贞吉"义近。又按："小利有攸往"唐石经作"小利贞"。此"《贲》，亨，小利贞"与《遁》，亨，小利贞"及"《既济》，亨，小利贞"相同。

③贲其须："须"，须发，指代容貌，言新郎修饰其须发容貌。初爻以鞋指代服饰，此爻以"须"指代容貌。

④贲如濡如：二"如"字为语辞。"濡"，鲜泽光美。初爻言服饰，二爻言容饰，四爻言马饰，则此"濡如"当即就车饰而言。《诗》"六辔如濡"之"濡"即是就车饰而言。"贲如濡如"，言迎亲彩车被装饰得鲜泽光美。汉乐府《孔雀东南飞》言亲迎之车即是"金车玉作轮"，也是装饰光美之义。

⑤永贞吉：占问长久之事吉利。此就婚姻之终身大事而言。

⑥匪寇婚媾：不是前来寇抢，而是迎娶新娘。参《屯》卦。

译 文

贲卦：礼仪修饰具有亨通的作用，对促进事物的健康发展小有助益。

初九：穿上漂亮的鞋子，不乘车而徒步行走。

六二：胡须修饰得很漂亮。

九三：修饰得光泽柔和，令人陶醉，只要能始终坚持正道便会吉祥。

六四：一群服饰简朴的男子汉，鞭策白马奔如飞，观其外貌好像一群打家劫舍的强盗，其实是一支娶亲的队伍。

六五：女家张灯结彩，装饰家园，迎接娶亲队伍，男方送上的礼品却很少，显得很吝啬，然而新娘跟着这种俭朴的男子，结果一样吉祥。

上九：朴实无华，没有什么坏处。

剥卦 ䷖

坤下艮上　剥①不利有攸往②。

初六　剥床以足，蔑贞凶。

六二　剥床以辨，蔑贞凶③。

六三　剥之，无咎④。

六四　剥床以肤，凶。

六五　贯鱼，以宫人宠，无不利。

上九　硕果不食，君子得舆，小人剥庐⑤。

注 释

①剥：卦名。通行本为第二十三卦，帛书本为第十一卦。"剥"是剥落、剥蚀之义，此卦上《艮》下《坤》，山出于地。以其自高于地，故见剥蚀削损；反之则为《谦》卦，山入于地，自我减损谦抑。"以其善下之，故能为百谷王"（《老子·六十六章》），故《谦》卦"亨"而"有终"；"高而倚者崩"（《黄帝四经》），故《剥》卦"不利有攸往"。

剥为阳气种图

②不利有攸往："往"谓前往、谓进。处《剥》之时，不宜进宜退，进则不利，退则有利；退而自损，厚下安宅，可转而亨通。上卦《艮》，亦是"止"而不宜往进之象。

③剥床以辨，蔑贞凶："辨"，床足与床身分辨之处（《周易正义》）。此当指床腿与床架衔接处的榫头。六二居下卦中位，故取喻床身与床腿之间交接之处。此亦未及人身，故其占为小有凶险。

④剥之，无咎：帛书无"之"字，似以有"之"字为是。"之"指代初及二的"足"和"辨"。床腿、榫头均被剥蚀而占曰"无咎"者，因六三上有上九为其应援。此谓问卦者处于剥时，幸得贵人之助。

⑤硕果不食，君子得舆，小人剥庐："硕果不食"为筮象，"君子得舆，小人剥庐"为占辞。《剥》卦仅上九一阳爻，象硕果未被剥蚀之象。上《艮》为山，山上有树，树必有果，故《说卦》云"艮为山，为果蓏"。"食"同"蚀"，剥蚀（《丰》卦"月盈则食"，《释文》"食或作蚀"）。"君子得舆"，谓君子得舆马车服之封赐，言大吉也。《敦煌遗书》伯三一〇五条云"梦见果树及食，大吉"即此之类。"小人剥庐"，谓小人被剥夺宅第，言小人大凶。

译 文

剥卦：破落时期，不利于君子的任何行动。

初六：床脚已经破落，若持漠视态度，必然凶险。

六二：床辨破落，若仍持漠视态度，必然更凶险。

六三：床虽然破落，还可以支撑一时。

六四：床的表面已经破落，十分凶险。

六五：如同贯穿在一起的鱼，后妃依次承宠于君王，当然不会不利。

上九：硕果仅存，没有被吃掉；君子当政则出门有车坐，小人得势则连起码的茅屋也将失去。

复卦

震下坤上 复①亨，出入无疾，朋来无咎，反复其道，七日来复，利有攸往②。

初九 不远复，无祗悔，元吉③。

六二 休复④，吉。

六三 频复，厉，无咎⑤。

六四 中行独复。

六五 敦复，无悔。

上六 迷复，凶，有灾眚；用行师，终成大败，以其国君凶，至于十年不克征。

复七日图

注释

①复：卦名。通行本第二十四卦，帛书本为第三十九卦。《复》卦与《剥》卦是卦爻翻覆的关系，故次列于《剥》卦后。

②利有攸往：按时复返，则再往有利；反之，不按时之"迷复"，则再往不利，必待"十年"而后可往。"来"（"人"）以时"无咎"，"往"（"出"）亦能有"利"。有"来"有"往"自然有利，《系辞》所谓"往来不穷谓之通"。下《震》为动往，上《坤》为

顺利。

③不远复，无祗悔，元吉："祗"同"抵"，至、至于。"元"，大。离家出行不过远即折返，则不至于悔恨，并有大吉。过远则迷，则超过复期，则有凶。

④休复："休"，止，象人之倚木休止（见《说文》）。此承初九而说，六二比于阳爻初九，犹如"倚木"；初九不远即复，六二依于初九，亦行之不远即止而还复。

⑤频复，厉，无咎："频"读为"颦"，忧惧（《释文》："马云：频，忧也"）。行之不远，即忧惧而返，则虽危无害（"厉"，危险）。《乾》卦九三"终日乾乾，夕惕若，厉无咎"与本卦六三爻辞立意相同。六三处下卦之终，为《震》动之极，故须忧惧远而迷失，及时还复。下卦之终，知忧而无咎；上卦之终，执迷而有凶。

译文

复卦：阳刚之气去而复返，亨通顺利，自下而上的行进不会遭到任何阻碍，朋友前来也不会有什么危害，因为阴阳的去而复返遵循每七天便来回一次的规律，有利于事物的生长不息。

初九：不走远就返回，即使有过失也不严重，因而无后悔，大吉大利。

六二：向善的回归，乃是吉庆之事。

六三：频繁地失误，又能屡屡回复正道，这样虽然有危险，因为每次都能改正过错，所以不会有灾祸。

六四：在行进的中途，独自返回到正道。

六五：真心实意地返回正道，没有懊悔。

上六：迷途不知返，必生凶险，甚至酿成大灾难；在这种情况下领兵打仗，结果必是大败，甚至国君遭难，十年之内不能重振军威。

无妄卦 ䷘

原文

震下乾上　无妄①元亨，利贞。其匪正有眚，不利有攸往②。

初九　无妄，往吉③。

六二　不耕获，不菑畲（yù），则利有攸往。

六三　无妄之灾，或系之牛，行人之得，邑人之灾。

九四　可贞，无咎④。

九五　无妄之疾，勿药有喜。

上九　无妄，行有眚，无攸利。

注释

①无妄：卦名。通行本为第二十五卦，帛书本为第七卦。

②其匪正有眚，不利有攸往："其"犹若，假若。"匪"，非。"眚"，灾。"正"为"妄"之反，不正则为妄，妄行妄为。此言处无妄之时，若妄为妄作则有灾祸，自然不利于有所行往。老子

无妄卦图

"不知常，妄作凶"即此。

③无妄，往吉："往"，行，行动。初九为《无妄》之初，要上行发展；阳爻居刚位，是得正；不邪妄，顺时而动，动能得正，故可获吉。卦辞"元亨利贞"、《彖传》"大亨以正，天之命也"即指此爻。

④可贞，无咎："可贞"即"利贞"，《谦》上六"利用行师"，《小象》云"可用行师"（说详《谦》卦）。九四处上卦之初，本为"多惧"之位（《系辞》"四多惧"）；又阳爻处柔位，又能得正守雌。如此，自然有利于占问，而无邪妄之灾。《彖传》据其爻位而释"可贞无咎"为"固有之也"，这是十分正确的。

译文

无妄卦：不虚伪的行动，必然大大亨通，有益而合乎正道。倘若不正，必生灾祸，去做任何事情都不会成功。

初九：不虚伪，前途吉祥。

六二：不耕耘播种就想收获，不开垦荒地就想得到熟地，这种期望是过分的空想，发展下去能有什么好处呢？

六三：有时候不虚妄也会有灾，例如一头牛拴在路旁的树桩上，被过路的人顺手牵走，住在周围的人都被怀疑，遭受不白之冤。

九四：坚持不虚伪的正道，不会有什么灾祸。

九五：偶尔得病，不胡思乱想，不吃药也能恢复健康。

上九：不妄为，而行动遭祸患，不会有什么利益。

大畜卦

乾下艮上　大畜①利贞，不家食吉②，利涉大川。

初九　有厉，利已③。

九二　舆说輹。

九三　良马逐，利艰贞；日闲舆卫，利有攸往。

六四　童牛之牿，元吉④。

六五　豮（fén）豕之牙，吉⑤。

上九　何天之衢（qú），亨⑥。

①大畜：卦名。通行本为第二十六卦，帛书本为第十卦。《大畜》卦与《无妄》卦是卦爻翻覆的关系，故次序列于《无妄》卦之后。

②利贞，不家食吉："不家食"即"不家而食"，"家"谓闲居于家。"食"谓食俸禄于朝廷，在朝为官（《国语·晋语》注"食，禄也"）。筮得此卦，不闲居于家而食俸禄于朝则吉。《损》卦上九"贞吉，利有攸往，得臣无家"亦与此同。《象传》释"不家食"为"养贤"是正确的。

③有厉，利已："已"，止，停止。

④童牛之牿，元吉："童牛"，小牛，此喻小人。"牿"，在此作

动词，指拴住（《说文》"牿，牛马牢也。周书曰：今惟牿牛马"）。童牛阴四被拴住，则初九贤人可行矣，故为大吉。

⑤豮豕之牙，吉："豮豕"，当指大猪。《书·大传》注"賁，大也"，从"賁"之字多有"大"义，如大陵谓之"坟"，大鼓谓之"贲"，故大猪亦谓之"豮"也。"豮豕"，在此喻奸佞。"牙"同"互"，即"柜"（hǔ），圈牲之围栏，在此指圈住（徐锴《说文系传》"柜，交互其木，以为遮阑"）。豮豕阴五被圈住，则九二贤人可进矣，故曰吉。

⑥何天之衢，亨："何"与《噬嗑》上九"何校灭耳"之"何"同，通"荷"，承受、获得。"天衢"，通天大路，在此喻显达。畜极则通，故畜至上九，终获显达，至为亨通。通则变而为《泰》。四阴被"牿"，五阴被"柜"，故上九得以显达。

译文

大畜卦：大的积蓄，有益于坚持正道；贤者不在家里吃自己耕种收获的粮食，这是好事，有利于涉渡大河。

初九：前进有危险，停止才会有利。

九二：车子脱落辕，自动停了下来。

九三：仕途就像良马竞逐场，只会有利于那些艰辛的正规训练者；又像操练舆卫的军卒，每日苦练，才能无往不利。

六四：给刚刚长角的牛犊安装防止触人的横木，这是大吉大利的措施。

六五：被阉割的猪虽有牙齿却不再伤人，这是吉祥的措施。

上九：背负青天鹏程万里，前途畅通无阻。

大小畜吉凶图

颐卦 ䷚

震下艮上　颐①贞吉。观颐，自求口实②。

初九　舍尔灵龟，观我朵颐，凶。

六二　颠颐，拂经，于丘颐，征凶。

六三　拂颐，贞凶。十年勿用，无攸利③。

六四　颠颐，吉。虎视眈眈，其欲逐逐，无咎。

六五　拂经，居贞吉。不可涉大川。

上九　由颐，厉吉，利涉大川。

①颐：卦名。通行本为第二十七卦，帛书本为第十五卦。《颐》卦从爻画上看，初、上二阳，象人之上下颚，中包四阴，合而观之，正像人的口颊，故卦名为《颐》。从卦象上看，下《震》动、上《艮》止，像人之咀嚼食物时下颚动而上颚不动；人通过咀嚼食物以养生，故《序卦》云"颐，养也"。人之谋生取物，皆各有其活法，不求其一律，但以正道谋生、取之有道者为上，故《杂卦》云"颐，养正也"。

②贞吉。观颐，自求口实："观颐"，观看其口颊，此当是就问

著者而说。"自求口实",能自己谋求到口中食物,即有独自谋生的能力。此为古代所谓的骨相之法,《艺文类聚·人部》引《吴录》"孙权方颐大口",又引《相书杂要》"口大容手,赤如朱丹,贵且寿"。今语亦有"嘴大吃八方"之说。

③拂颐,贞凶。十年勿用,无攸利:"拂"同"弗"。"弗颐",不能养活自己。初与二,本能自养而不自养,三则根本不能自养。要之,皆缺乏生存能力,故占问皆"凶"。"十年",多年、很长时间。"勿用",不能有所作为。"无攸利"即谓发展下去很不利。

译文

颐卦:颐养必须坚持正道,才会吉祥;观人美餐,不如自己寻食。

初九:放弃你自己的美味龟肉不吃,却羡慕我的口中之食,这种行为很凶险。

六二:违反自力更生的求食常理,或依赖于下属的奉养,或寄希望于位高势重者的施舍,其前景必然凶险。

六三:违反颐养之道的事情充满着危险,始终都不要去做,因为这种行为不会得到什么好处。

六四:藏富于民而又养贤于民,一定吉祥。追求自己的目标时即便像老虎捕食那样其视眈眈,凶猛追逐,也没有什么过错。

六五:不得违反常理求助于人,如果动机纯正便能吉祥,但是不可以去做冒险的事情。

上九:百姓依靠他的颐养而生存,所以能够逢凶化吉,遇难呈祥,如同顺利地渡过大河一样。

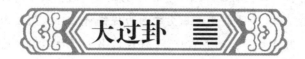

原文

巽下兑上　大过^①栋桡（yáo），利有攸往，亨。

初六　藉用白茅，无咎^②。

九二　枯杨生稊，老夫得其女妻^③，无不利。

九三　栋桡，凶^④。

九四　栋隆，吉，有它，吝^⑤。

九五　枯杨生华，老妇得其士夫，无咎无誉。

上六　过涉灭顶，凶，无咎。

注释

①大过：卦名。通行本为第二十八卦，帛书本为第四十八卦。此与《颐》卦为卦爻反对的关系（即《颐》卦阳爻变阴、阴爻变阳即成《大过》，《蛊》与《随》也是这样），故次列于《颐》卦后。

②藉用白茅，无咎："藉"，垫，以某种东西作衬垫。初爻最下，故曰"藉"，与上爻之"顶"相照。礼神的祭品多以白茅衬垫，以示洁诚。屋将倾没，虔诚祭神以祷平安无害。初在最下，力弱而不足以拯溺，但有心诚而已。

③枯杨生稊，老夫得其女妻："稊"同"荑"，树木新生之芽

67

叶。"女妻"，年少的妻子。此二句是比喻的写法，是说于《大过》之时，能抖擞精神，因而出现一线生机，有了向好的方向转化的希望，所以说这样做没有什么不好。

④栋桡，凶：栋桡屋陷，皆在泽水最盛之时，故下卦之极与上卦之极皆"凶"。区别是，三爻之凶为栋桡将陷，上爻之凶则已陷而灭顶。时在九三，凶多吉少。《敦煌遗书·斯六二〇·屋宅篇第二十三》云"梦见屋栋折，死；落者，凶；降者，凶"。

⑤栋隆，吉，有它，吝："隆"，向上拱起。"它"，意外之患。"吝"，艰难。九四能拱撑屋栋于将陷之时，有由凶转吉之望。但福祸不可测，处大过之时，大势如此，只有知其不可而为之，其灾患艰难无可避免。

译文

大过卦：大的过度，就像栋梁受重压向下弯曲，即使充满危机，仍然有利于进步，并且一路亨通。

初六：祭祀时在供品下面铺上一层洁白的茅草，如此恭敬不会有过错。

九二：枯杨树生幼芽，老汉娶得女娇娃，没有什么不利。

九三：栋梁受压向下弯曲，实属凶险。

九四：栋梁隆起，能负重荷，所以吉祥；然而其他栋梁不胜负荷，所以牵连危险。

九五：枯杨树开花朵，老太婆嫁给少年哥，既不会有祸害，也不值得称道。

上六：涉渡过深之水，以致淹没了头顶，虽然其象凶险，但不会遭受指责。

习坎卦

坎下坎上　习坎^①有孚维心亨，行有尚^②。

初六　习坎，入于坎窞（dàn）^③，凶。

九二　坎有险，求小得^④。

六三　来之坎坎^⑤，险且枕，入于坎窞，勿用^⑥。

六四　樽酒簋贰，用缶，纳约自牖（yǒu），终无咎。

九五　坎不盈，祇既平，无咎。

上六　系用徽纆（mò），置于丛棘，三岁不得，凶。

注 释

①习坎：卦名。通行本为第二十九卦，帛书本为第十七卦。"习"，重，谓两《坎》相重叠。

②有孚维心亨，行有尚："孚"训卦兆、征兆。"维"同"唯"，"唯心"，顺心（《诗·敕筥》笺："唯

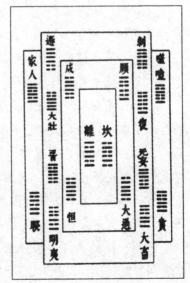

坎离左右翼卦全图

69

唯，行相顺随之貌"）。此"有孚唯心"与《益》卦九五"有孚惠心"同，谓所得卦兆顺随人心。"尚"，嘉奖、崇尚。时处《坎》时，见诸行动则有嘉尚。

③窞：坎中之小坎，谓坑陷深处。

④求小得：寻求脱险可略有收效。九二阳刚，居中，与九五敌应，故言"得"；未出坎陷，故仅"小得"。他卦敌应不好，而坎险之时，阳刚敌应亦佳。此"得"与上六之"得"相照。

⑤来之坎坎："之"，往。由上至下为来，由下至上为往。"来往"谓前后进退。"坎坎"，坑坎相连。

⑥险且枕，入于坎窞，勿用："枕"或作"沈"（《释文》），深。"勿用"，勿轻举妄动。六三处下坎与上坎之间，进退皆坎，故当时时警惧而勿妄动，即《乾》卦九三所谓"终日乾乾"。

译文

习坎卦：面对重重陷险，仍然能够意志坚定，勇往直前，这种行为是高尚的。

初六：陷井重重，跌入陷坑最深处，十分凶险。

九二：坑中处境仍然险恶，只求小有改善。

六三：来到坑边，坑非常危险且一个紧挨一个，一不小心便会掉进坑的深处，因此切勿轻举妄动。

六四：一杯酒，两碗饭，用瓦器盛着，悄悄地从窗口递进去，结果没有发生不幸。

九五：取小丘之土填凹陷之坑，虽然坑未填满，小丘却已被铲平，没有什么不好。

上六：被绳索绑住手脚扔在荆棘丛生的地方，三年都逃不出来，凶险啊！

离卦

离下离上　离①利贞，亨，畜牝牛吉②。

初九　履错然，敬之，无咎③。

六二　黄离，元吉。

九三　日昃之离，不鼓缶而歌，则大耋之嗟，凶。

九四　突如其来如，焚如，死如，弃如④。

六五　出涕沱若，戚嗟若，吉⑤。

上九　王用出征，有嘉折首，获匪其丑，无咎⑥。

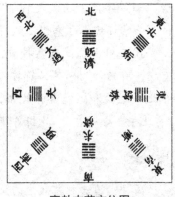

离卦末节方位图

注 释

①离：卦名。通行本为第三十卦，帛书本为第四十九卦。此与《坎》卦为卦爻反对关系，故次列于《坎》卦后。

②畜牝牛吉：卦名"离"为罗网，网得母牛并畜养之使繁衍，故言"畜牝牛吉"；推及人事，畜养培育牝牛柔顺谦谨之性，方能避开人世罗网之祸，故云"畜牝牛吉"。湖北秦墓所出简文中有"凡邦有大畜生小畜，是谓大昌"（《江陵王家台十五号秦墓》，《文物》一九九五年一月）。

③履错然，敬之，无咎："履"，行进。"错然"，谨慎的样子（集解引王弼"错然，敬慎之貌也"）。"敬之"，警觉（《释名·释言语》"敬，警也"）。位在最下，前有罗网，行进谨慎警觉，故能免于咎患；此亦所谓"畜牝牛吉"也。

④突如其来如，焚如，死如，弃如："突如"，猝然唐突，贸然。"焚如"，形容气势逼人。九四为上卦之初，前有罗网，本当"错然敬之"，此反贸然气盛，故势必自寻死路，终被毁弃。

⑤出涕沱若，戚嗟若，吉："沱"，泪流滂沱。两"若"字与前诸"如"字同，状貌之词。"戚"，悲戚。此与九四相反，虽居尊位，而常怀忧患之意识，故得与六二相同，均可获吉。

⑥王用出征，有嘉折首，获匪其丑，无咎："有嘉"，即有尚、有庆、有功。"折首"，斩首。"匪"，彼，敌方。"丑"，众。上九畜养牝牛之柔和，能常怀忧惧，故有斩敌获虏之功。然《离》卦讲"畜牝牛"之"吉"，故折首获丑不言"元吉"，仅言"无咎"。

译 文

离卦：追随利益众生的正义事业，则亨通；畜养安稳老实不使性子的母牛，则吉祥。

初九：深夜传来一阵错杂的脚步声，连忙戒备，总算无事。

六二：用黄鹂占卜，得大吉之兆。

九三：日暮时分，敌人又来骚扰，男女老少一齐动员起来，妇幼呐喊助威，七八十岁的老人在一旁叹息，形势凶险。

九四：敌人来势凶猛，一下子攻了进来，见房子就烧，见人就杀，到处破坏。

六五：劫后余生，泪流如雨，悲声叹气，因此吸取教训，怀有雪耻之心，这是好的。

上九：君王亲自率领精锐之师出征，取得胜利，斩决罪大恶极的敌人首领，对跟从者宽大处理。

咸卦 ䷞

原文

艮下兑上　咸①亨，利贞。取女，吉②。

初六　咸其拇。

六二　咸其腓，凶；居吉。

九三　咸其股，执其随，往吝③。

九四　贞吉，悔亡④；憧憧往来，朋从尔思⑤。

九五　咸其脢，无悔⑥。

上六　咸其辅颊舌。

注释

①咸：卦名。通行本为第三十一卦，帛书本为第四十四卦。《咸》卦下《艮》山而上《兑》泽，象水绕山转，喻女悦男、男娶女，故卦辞言"取女吉"。宋秦观《踏莎行》所谓"郴江幸自绕郴山"即是斯义；又卦象为男欲娶妻安家定居（下《艮》为止，为少男）

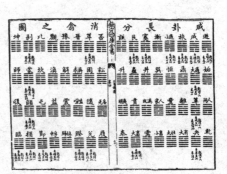

咸卦长分消翕之图

而女方则悦从之（上《兑》为悦，为少女），故爻辞言"居吉"、言禁止外出之"往吝"。此可与《屯》卦相参读。"屯"即屯聚、屯止，全卦讲婚媾、安居、定国之事，故卦爻讲"勿用有攸往"、"利居贞"及婚媾之事。本卦卦名之"咸"字取"感动"义。

②取女，吉："取"同"娶"。卦象为水绕山转、娶妻安家而不外出远行，故卦辞言"取女吉"。此可与《屯》卦相参读。有人认为卦辞"取女吉"与后面的爻辞意思无关，卦辞说取女安家定居而爻辞说不外出远行，二者意思似相补足。

③咸其股，执其随，往吝："股"，大腿。"执"，执持。"随"，相随者，指初六、六二。初六、六二象足与小腿，皆随大腿之动止，故言"随"。下卦象人体下半身，上卦象人体上半身。帛书脱"往"字。

④贞吉，悔亡：占问吉利，不好的事情消失。之所以"贞吉悔亡"，是因为下卦能够互感。

⑤憧憧往来，朋从尔思："憧憧"，往来的样子。"往来"，指九四与初六阴阳往来交际。"朋"，指应爻初六，指女方。"从"，取上《兑》悦随之义。"尔"，指阳爻九四，即"取女"的男方。"思"，语辞。

⑥咸其脢，无悔："脢"，脊背。

译文

咸卦：人与人相感则亨通，但必须入于正道才有利；例如，少男娶少女，便吉祥如意。

初六：感应发生在脚的大拇指上。

六二：感应发生在小腿肚上，凶险；安稳守序则吉祥。

九三：即便感应发生在大腿上，如果不把握分寸一味追求对方，发展下去难免会遭羞辱。

九四：心地纯正便吉祥，灾害也不会光临；感情出乎自然，少女便会主动前来，伴随左右以遂少男久思之念。

九五：感应上升到了喉间，倾吐着无悔的山盟海誓。

上六：少男少女情深意浓，贴腮哺舌，亲昵无比。

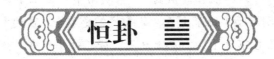

恒卦

巽下震上　恒^①亨，无咎，利贞，利有攸往。

初六　浚恒^②，贞凶，无攸利。

九二　悔亡^③。

九三　不恒其德，或承之羞^④，贞吝。

九四　田无禽^⑤。

六五　恒其德，贞妇人吉，夫子凶。

上六：振恒^⑥，凶。

注　释

①恒：卦名。通行本第三十二卦，帛书本也是第三十二卦，此与《咸》卦（䷞）为卦爻翻覆的关系，故次列于《咸》卦后。此与《咸》卦都是六爻相应。

②浚恒："浚"训为深，即过分。"恒"，恒定。初六虽居下卦《巽》体，当主于柔静，又柔爻居初位，但过分追求恒定，不思进取通变，故"贞凶，无攸利"。陈梦雷说："初在下之下而四在上之下，皆未及乎恒者，故泥常而不知变"即是此意（《周易浅述》）。

③悔亡：九二居中，又处柔位，追求恒道得其适度，故能"悔

亡"；但居不当位，又为刚爻，处下《巽》柔静之时，有躁进之嫌，故仅"悔亡"而不言"吉"。

④不恒其德，或承之羞："承"，受，蒙受。九三处下《巽》之终，不能持静，不能恒守其德，"重刚而不中，上不在天，下不在田"，阳刚躁动，进求上六，故或将蒙受羞辱，占问有咎害。陈梦雷云："三在下之上，上在上之上，皆已过乎恒者，故好变而不知常。"

⑤田无禽："田"，田猎。九四"重刚而不中，上不在天，下不在田，中不在人"，居不当位，已入上卦《震》体，当运动变通，而仍恒守静定、泥于常位，宜其田猎无获。

⑥振恒："振"，动。上六居《震》动之极、《恒》定之终，动极必静、终而返始，此则动而不已，往而不返，失其恒道，故有凶。

译文

恒卦：循守常道，就能亨通，不会有灾难，但必须以坚持纯正为前提，才有利于事业的发展。

初六：恒守常道必须出乎自愿。倘若强求，即便动机纯正也难免凶险，发展下去有害无益。

九二：灾悔自行消除。

九三：不能坚持常道，有如妇女品行不端遭夫休弃；若与这样的女人继续保持夫妇关系，必有灾祸。

九四：狩猎，结果一无所获。

六五：循守常道因人而异，例如妻子从丈夫则吉祥，丈夫从妻子则凶险。

上六：循守常道之心摇摆不定，必生凶险。

遁卦

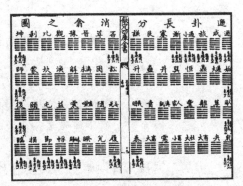

原文

艮下乾上　遁①亨，小利贞②。

初六　遁尾，厉，勿用有攸往。

六二　执之用黄牛之革，莫之胜说。

九三　系遁，有疾厉；畜臣妾，吉③。

九四　好遁，君子吉，小人否。

九五　嘉遁，贞吉。

上九　肥遁，无不利④。

注释

①遁：卦名。通行本第三十三卦，帛书本第三卦。"遁"是离去、遁去之义。《遁》卦上《乾》下《艮》，"乾"为日气、云气，"艮"为山、为留止、蓄止。云气出于山，不为山所蓄而离去，象贤人不为朝廷所畜养（"艮"为门阙、宫阙）而遁去。《遁》卦颠倒，下《乾》上《艮》，则为《大畜》（☲），云气在山下，为山所畜止，象征贤人为

遁卦长分消翕之图

朝廷所畜养（参见《大畜》卦译注）。

②亨，小利贞："亨"，谓阴长渐盛之时，及时遁隐方能亨通，即《象传》所谓"遁而亨也"。《正义》亦云："小人方用，君子日消，君子当此之时，若不隐遁避世，即受其害，须遁然后得通"。"小利贞"，占问小事有利。此与他卦"小贞吉，大贞凶"意思是一样的。于阴长阳消、君子隐遁之时，不宜大事大为，仅宜小事。《易》例以阴为"小"，凡言不利大事而仅利小事者，皆当阴长渐盛之时。

③畜臣妾，吉："臣妾"，臣仆侍妾，皆人之微者，以"畜臣妾"喻做小事。九三既为时所系而不得遁去，又不能与俗合污，只可行微小之事，等待良机，以此趋吉避害。古之人于"系遁疾厉"之时，亦多有"弄儿床前戏，看妇机中织"以"畜臣妾"的方法静候时机的。

④肥遁，无不利："肥"，古或读为"飞"（《易林》、《王注》等），字本相通。初爻为尾、上爻为首（如《既济》），上爻多有亢首高举之义（如《乾》上九之"亢龙"即"顽龙"），则"飞遁"即高举远遁。上九在《遁》之最外，无所牵系，故高举远遁并能无所不利。

译文

遁卦：隐退是为了事业的顺利发展，这对执于正道小有好处。

初六：成了隐退的尾巴，情况很危险，此时务必不要再有举动。

六二：用黄牛皮做的绳子捆缚，谁也不能解脱。

九三：因受束缚而不能隐退，危险很快就会降临；以畜养臣妾之心处世，也会吉祥。

九四：摈除所好一意隐退，君子才能做到这一点，所以吉祥；小人是不可能做到的。

九五：隐退之举值得赞美，坚守正道必然吉祥。

上九：摆脱一切世俗的隐退，没有任何不利之处。

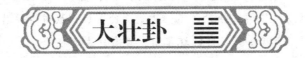

大壮卦

原文

乾下震上　大壮①利贞。

初九　壮于趾，征凶，有孚②。

九二　贞吉③。

九三　小人用壮，君子用罔，贞厉，羝羊触藩，羸其角。

九四　贞吉，悔亡④，藩决不羸，壮于大舆之輹。

六五　丧羊于易，无悔。

上六　羝羊触藩，不能退，不能遂⑤，无攸利，艰则吉⑥。

注释

①大壮：卦名。通行本为第三十四卦，帛书本为第二十六卦。此与《遁》卦为卦爻翻覆的关系，故次列于《遁》卦之后。

②壮于趾，征凶，有孚："趾"，指代足履。初在最下，故以之取喻。"征"，往前行进。"孚"，应验。处过壮之时，初爻便足履强壮，一味强进则有凶险，此终将有应验。《履》卦初九"素履，往无咎"、《离》卦初九"履错然，敬之无咎"，皆与此正相对。

③贞吉："贞"，占问。九二虽刚爻，但于过壮之时，能居中处柔，又有柔爻六五相应，是其能知雄守雌，处中知止，故占问

得吉。

④贞吉，悔亡：九四处上卦之初，居于柔位，不用强，故占问吉利，悔事消亡。

⑤羝羊触藩，不能退，不能遂："遂"，进。上六居本卦之极，故逞强触藩；但毕竟强弩之末，又柔爻处柔位，故仅卡住其角，进退不能，不至于如九三之败坏其角，且有转吉之可能。

⑥艰则吉："艰"谓处艰知艰、能正确对待艰难处境。壮极知返、持守雌柔，则能变不利为吉利。

译文

大壮卦：象征刚大气盛。大壮卦卦象是下单卦，为天；上单卦为震，为雷。两单卦结合，雷天大壮，阳德刚健，为天地之大用。壮盛阴消，故隆盛者必操守纯正，则利。

初九：壮于趾，表示有所往，有所征，但出征必有凶险，应坚持"天人合一"的规律，不可妄动。即使有承诺，前进会有凶险。

九二：阳刚得中，阳以中为盛。吉。

九三：小人盛壮，逞强凌势，君子盛壮刚强得中；任性发威，就像公羊用角强顶藩篱，羊角定然被藩篱羁绊。

九四：吉卦，君子刚柔相济，无所阻悔，犹如藩篱决口，缠不住羊角，又如大车车辖坚实适用，奔走如飞。

六五：男儿敢做敢当，即使遇到"丧羊之象"又何惧之。

上六：公羊抵触藩篱，既不能前，也不能后。只有知艰难而能审时度势者，才不会犯难。

晋卦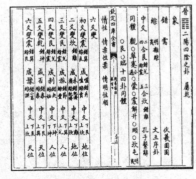

原文

坤下离上　晋①康侯用锡马蕃庶，昼日三接②。

初六　晋如摧如，贞吉③；罔孚裕，无咎④。

六二　晋如愁如，贞吉⑤；受兹介福，于其王母⑥。

六三　众允，悔亡⑦。

九四　晋如鼫鼠，贞厉。

六五　悔亡，失得勿恤，往吉，无不利⑧。

上九　晋其角，维用伐邑⑨，厉吉无咎，贞吝⑩。

注释

①晋：卦名。通行本为第三十五卦，帛书本为第五十一卦。上卦《离》为日，下卦《坤》为地，象日升于地，故卦辞与六爻爻辞皆说升进之事。"晋"与"进"同。

②康侯用锡马蕃庶，昼日三接："康侯"犹言"安侯"，安国

晋卦错综及爻变图

81

之侯（朱熹《本义》"康侯，安国之侯也"）。此"康侯"似非具体指历史上之某侯，《正义》亦云："康者，美之名也。侯，谓升进之臣也。"顾颉刚等以为"康侯"即周武王之弟康叔封，可备参考。"用"与下文的"接"、"受"义同，指享用、接受。"锡"同"赐"。"马"，车马之类。"蕃"，盛。"庶"，多。"昼日"，犹言一日。"三"，喻多次。"接"，接受、蒙受（或释"三接"为三次被接见，似不确）。康侯所受赏赐之车马盛多，一日之内数次接受赏赐，此正说康侯荣膺晋升之事。旧注皆释"用锡"为受天子之赐，然观下文"受兹介福，于其王母"，则卦辞"康侯用锡马蕃庶"乃是受赐于王母，《集解》引九家《易》亦曰："大福，谓马与蕃庶之物是也。"

③晋如摧如，贞吉："晋"，进。两"如"字为语辞。"摧"，退（《释文》）。初与四应，故可升进；居不当位，故又宜退守。进退适时，故占问得吉。初六在《坤》地之下，下卦之初，故须进退适宜。

④罔孚裕，无咎："罔"，无。"孚"，卦兆，征兆。"裕"，富裕。初在最下，尚晦之时，时进时退，虽无富裕之兆，但可无咎害。"罔孚"或作"有孚"，帛书本衍"悔"字，"罔"字音讹为"亡"。

⑤晋如愁如，贞吉："愁"同"揫"，敛抑（《礼记·乡饮酒义》郑注："愁读为揫，敛也"）。六二居位中正，故可升进；上无应爻，故又当适时敛抑，如此乃可占问得吉。六二在下体《坤》地之中，明尚未显，故有"揫如"之戒。

⑥受兹介福，于其王母："受"与卦辞"用"、"接"义同，接受。"兹"，此，指代卦辞"锡马蕃庶"（《集解》引九家《易》曰："大福，谓马与蕃庶之物是也。"）"介"，大。"王母"，指六五，五居尊位，但为阴爻，故不称"王"，而称"王母"，犹言女主也。

⑦众允，悔亡："众"似指初、二而说，谓众人、百姓。《坤》为众、百姓。"允"，信，崇信。六三在下体《坤》之最上，与上九相应，又得在上之信赖，故悔事消亡，谓升进向上可也。

⑧失得勿恤，往吉，无不利："恤"，忧虑。六五居尊处中，在上体大明之中，逢时得宜，果于前往，吉无不利。

⑨晋其角，维用伐邑："角"，锋芒。位居最上，故以"角"取喻。"维"，发语辞。"用"犹"可"。"邑"，属邑、小国。

⑩厉吉无咎，贞吝：属邑有乱，理当进呈锋芒以征伐之，然攻伐之事，必有危险，故云"厉"；本有刚德，又处大明进往之时，故吉而无害。但卦之将终，明盛将衰，于此时征伐亦出于不得已；若一味肆其勇武，则占问小有灾咎。

译文

晋卦：晋是晋升提拔，例如对待那些康民治国的公侯，天子不仅赏赐给他们许多马匹，还在一天之内三次接见他们。

初六：无论进还是退，均能安于正道，则一定吉祥；即便一时之间不能取信于人，但只要宽厚自处，便不会有灾难。

六二：上进的同时又充满着忧患，但是只要上进之心一如既往，便能吉祥；获得极大的恩惠和福泽，这都来自于王母的赐予。

六三：获得上下众人的信任，努力进取，悔意消失。

九四：晋升到高位又像鼫鼠一样无能而又贪婪的人，一定没有什么好结果。

六五：消除后悔，不要患得患失忧虑重重，只要勇往直前，就会吉祥、顺利。

上九：就像牛、羊用其锐利的角抵触来犯者一样，君王拨精锐之师讨伐叛军的城堡，终于逢凶化吉，天下恢复太平，然而讨伐虽属正义，有人叛乱毕竟脸上无光。

明夷卦

离下坤上　明夷①利艰贞②。

初九　明夷于飞，垂其翼；君子于行。三日不食③。有攸往，主人有言④。

六二　明夷，夷于左股，用拯马壮，吉⑤。

九三　明夷于南狩⑥，得其大首⑦，不可疾贞⑧。

六四　入于左腹，获明夷之心，于出门庭。

六五　箕子之明夷，利贞。

上六　不明晦，初登于天，后入于地。

①明夷：卦名。通行本为第三十六卦，帛书本为第三十八卦。此与《晋》卦为上下卦颠倒的关系，故次列于《晋》卦后。

②利艰贞：占问艰难之事可获吉利。《明夷》卦讲人如何知艰处艰，处于艰难之时如何有效地摆脱困境，所以卦辞说"利艰贞"。

③君子于行，三日不食：此承上两句而说。"行"，谓出走行隐。明伤晦暗之时，君子飞遁垂翼、出走行隐以避灾全生，是为

大得；三日无食，是为
小失。"翼"与"食"
押韵，这是同一个叙述
层次，是正面的占问。
"三日不食"犹《困》
之"困于酒食"。

④有攸往，主人
有言：此是另一个叙述
层次，是反面的占问。

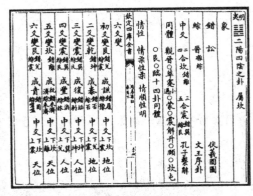

明夷卦错综及爻变图

"往"谓前往，前进（由下至上为往，由上至下为来）。"言"通
"愆"，过误、麻烦（闻一多说）。设若明伤暗晦之时，不行隐遁，
反而有所进往，则问筮者必有不利。"主人"与"君子"应是换文
同义，都是指问筮（shī）者。换言之，于飞垂翼、于行不食、攸
往有愆的主语是一样的，都是问筮者。

⑤明夷，夷于左股，用拯马壮，吉："夷"，伤。"左股"，左
腿。"左"本含退义，如《师》卦六四"师左次无咎"即是。这是
说在日明伤陨时退避而伤了左腿。"拯"或作"抍"，通"乘"（《列
子·黄帝》《释文》"升本作乘"），李镜池亦读为"乘"。"马壮"即
"壮马"。此言若以壮马乘坐而迅速遁去则可获吉。程传："拯用壮
健之马，则获免之速而吉也。"六二本为阴爻，又处柔位，能以壮
济弱，果于速退，故而获吉。又"拯"如字释为救、济，亦通。

⑥明夷于南狩："南狩"，犹言南征（《正义》释"狩"为"征
伐之类"），征讨昏君、征伐昏暗之主（《国语·周语》注："南，南
面君也"）。帛书作"明夷夷于南狩"，似衍"夷"字。

⑦得其大首："大首"，指上六，昏暗之主。爻在最上，故称
"首"称"大"，"大首"犹"大君"也，如"师"卦上六"大君有
命"，《履》卦六三"武人为于大君"（"大君"指《履》之上九）。

"得其大首"，喻除暗济明大有收获。九三阳爻，居刚位，处下卦之极，有强健惩恶之力，自当担负除暗济明之责，此所谓大任斯人，受命于危难之际也。

⑧不可疾贞："可"犹"利"。"疾"谓速成。九三虽强健，而晦暗之势亦正强，故除之不可求速，否则不利于占问。

明夷卦：光明受到伤害，宜于韬光养晦，苦守正道。

初九：受伤的鸣鸟要继续飞翔，但是双翅难举；君子被逐，三天没有吃饭；继续前行，又遭旅店主人的恶语欺凌。

六二：君子伤在大腿，如有健壮的马代步，仍可脱险而吉祥。

九三：君子被贬往南方担任牧守，受到当地人民的拥戴，但是恢复正义之事仍不可操之过急。

六四：进入左方腹部，探获光明损伤的内中情况，并依然走出门庭。

六五：箕子在光明损伤时明智逃避，是有利而正确的。

上六：天空晦暗不明，起初升上天空，最终坠落地下。

家人卦

离下巽上　家人①利女贞②。

初九　闲有家，悔亡③。

六二　无攸遂，在中馈，贞吉。

九三　家人嗃嗃(hè)，悔厉吉，妇子嘻嘻，终吝。

六四　富家，大吉④。

九五　王假有家，勿恤，吉。

上九　有孚威如，终吉⑤。

①家人：卦名。通行本为第三十七卦，帛书本为第六十三卦。《家人》卦上《巽》木，下《离》火。古人"构木以为宫室"（《淮南子·泛论训》），《释文》"人所居称家"、《吕览·慎事》注"家，室也"，则《家人》卦上卦之《巽》木指居室；《大过》卦上《兑》泽，下《巽》木，为"泽灭木"，"木"亦指居室，故卦爻辞屡言"栋"。"火"指灶火而说，《淮南子》曰"炎帝作火，死而为灶神"，魏王朗《杂箴》曰："家人有严君焉，井灶之谓也。"室中有灶，故名为家或家人。而妇女为主灶者（《礼记·月令》"灶者，老妇之祭"），故卦辞说"利女贞"，六二说

家人象卦

87

"在中馈"。

②利女贞：利于女子占问。妇女不问外事，专修家内之事，故卦象为室中有灶、卦名为《家人》、卦辞说"利女贞"、六二说"在中馈"。若男子筮得此卦，则暂不宜有为于世，但可修治家务，"弄儿床前戏，看妇机中织"（鲍照诗），等待时机。

③闲有家，悔亡："闲"，戒防，戒备。"有"同"于"。位在《家人》之初爻，不宜有事于外，当先使家有戒备，无后顾之患，悔事则消亡。此爻恐人之不戒备于初，而使祸起萧墙。

④富家，大吉："富"，使家庭致富。处《家人》之时，筮得此爻，使家庭致富即为大吉；至于入仕显达之类不在此卦此爻。

⑤有孚威如，终吉："孚"，卦兆。"威"帛书作"委"，随貌。

译 文

家人卦：在家庭中，如果主妇守本尽职，则家道正，全家人受益。

初九：严格正规的家庭教育，防患于未然，就不会有后悔之事发生。

六二：遇事不自作主张，在家庭中料理烹饪供应食物很尽职，合乎妇道因而吉祥。

九三：家人苦于家法之严，整天战战兢兢惟恐有失，结果吉祥；妻子儿女整天嘻嘻戏笑无所忌畏，结果难免会有羞辱。又一说：贫困人家因为妻子愁叹、孩子嗷嗷待哺而发奋图强，终于日渐富裕；富贵人家因为妻室儿女骄奢淫逸、挥霍无度而最终陷入贫困。

六四：理家有道而致富，非常吉祥。

九五：无论王室还是平民家庭，家人之间如能和睦相处，无忧无虑，就会吉祥如意。

上九：以诚信和威严治家，终究会吉祥。

睽卦 ䷥

原　文

兑下离上　睽^①小事吉^②。

初九　悔亡。丧马勿逐，自复。见恶人，无咎。

九二　遇主于巷，无咎^③。

六三　见舆曳，其牛掣，其人天且劓，无初有终。

九四　睽孤，遇元夫，交孚，厉无咎^④。

六五　悔亡。厥宗噬肤，往何咎？

上九　睽孤，见豕负涂，载鬼一车，先张之弧，后说之弧，匪寇婚媾，往遇雨则吉。

注　释

①睽：卦名。通行本为第三十八卦，帛书本为第五十三卦。此与《家人》卦是卦爻翻覆的关系，故次列于《家人》卦后。

②小事吉：占问小事吉利，但不可为大事，故二、四虽遇主、遇元夫，亦仅获无咎而已。《遯》之

睽卦图

89

"小利贞"、《家人》之"利女贞"、《旅》之"小亨"与此"小事吉"意思接近。或以为阴柔居五而阳刚居二，故曰"小事吉"。但《遁》卦是阳刚居五而阴柔居二，卦辞仍言"小利贞"，故不采此说。

③遇主于巷，无咎："主"，主人，犹今语之贵人。由初入二，故云"巷"，喻乖之渐深。乖违之时，二能以刚居柔，故得以遇贵人之助而免于咎害。"主"盖谓六五，二与五相应。

④睽孤，遇元夫，交孚，厉无咎："孤"，虞翻读为"顾"。"睽孤"即惊顾、张望。"元夫"，大夫，在此喻贵人。"交"，合，相合。

译文

睽卦：睽是目不相视、相互背离、大事不济、小事吉利。

初九：后悔应该清除。坐骑跑掉不必去追，因为马是家养已久的，一定会自己回来；遇见一个面目狰狞的人，结果平安无事。

九二：在小巷中遇见主人，平安无事。

六三：看见一辆车缓缓而行，拉车的是一头牛，赶车的是一位烙了额、割了鼻的奴隶。开始时牛车前进很艰难，后来道路渐渐平坦，终于顺利前行。

九四：充满对立，孤独无援，幸遇刚健之人以诚相交，才得以转危为安。

六五：悔意消除。遇见一位宗族中人坐在路旁吞噬着鲜嫩的肉，因此知道前途无忧。

上九：孤单地行走，忽见前面有一群沾满了泥巴的猪，还有一辆大车，满载着一群形同鬼魅的人，先是向他拉弓搭箭，后来又放下了弓箭，原来是跟他开玩笑。他们不是拦路抢劫的强盗，而是一支娶亲队伍。再往前走，天降喜雨，很吉祥。

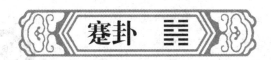

蹇卦

原 文

艮下坎上　蹇（jiǎn）①利西南，不利东北。②利见大人，贞吉。

初六　往蹇来③誉。

六二　王臣蹇蹇，匪④躬之故。

九三　往蹇，来反⑤。

六四　往蹇，来连⑥。

九五　大蹇，朋来。

上六　往蹇，来硕⑦，吉。利见大人。

注 释

①蹇卦：艮下坎上，象征行事艰难。"蹇"难也。

②利西南，不利东北：西南象征平地，所以"利"；东北象征山丘，所以"不利"。

③来：返回，归来。

④匪：非。躬：自身。

⑤反：通"返"。

⑥连：连络、连合。

⑦硕：大。

译文

蹇卦：因跛而行走不便，象征处事艰难。蹇卦的卦象是下单卦为艮，艮为东北，指山区地貌；上单卦为坎，坎为水。山水结合有奔走千山万水之象利西南，不利东北。困境中必须有大才大德之人，固守正道，整饬家邦。宜于君子修德。

初六：知难而止，量力而行，耐心等待，才能获得美誉。

六二：君王的臣子历尽艰险，奔走赴难奋力营救。不为自己的私事，而是意在报国。

九三：外出行动遭逢艰难，不如相与镇守返回家园。

六四：风险赴难，为的是济世救人。因此必须同心同德，这样才能担此重任。

九五：九五难是大难。君王如能深体天下之危机，虽无为但善与人同。并操守中正，故能得臣民之拥护。

上六：努力拯救时艰，历尽艰难可建大功，十分吉祥。有利于施世大德人才出现。

阳动　阴静

火　水

土

木　金

乾道成男　坤道成女

万物化生

周子太极图

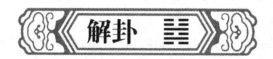

解卦

原文

坎下震上　解①利西南②，无所往，其来复吉③；有攸往，夙吉④。

初六　无咎⑤。

九二　田获三狐，得黄矢，贞吉。

六三　负且乘，致寇至，贞吝。

九四　解而拇，朋至斯孚。

六五　君子维有解，吉，有孚于小人⑥。

上六　公用射隼于高墉之上，获之，无不利。

注　释

①解：卦名。通行本为第四十卦，帛书本为第三十卦。此与《蹇》卦为卦爻翻覆的关系，故次列于《蹇》卦后。

②利西南：西南为温暖之方，万物舒缓之地，解之时利于南行。

③无所往，其来复吉："无所往"，谓若不向西南行而止于原处。"来复"，当指七日之内。一卦往复经七个爻位，故《复》卦说"七日来复"。此云若无所行往而止于原处，则只限于七日之内

93

吉利，逾此期限则不吉矣。此戒人在解之时，不宜久滞原处，当速南行。《蛊》卦"利涉大川，先甲三日，后甲三日"、《巽》卦九五"先庚三日，后庚三日，吉"与此"来复（七日）吉"相近。

④有攸往，夙吉："夙"，早、速。谓若打算南行，则不须犹疑，宜早行动为吉。

⑤无咎：解之初，晦事已除，好事未形，故仅得"无咎"。

⑥君子维有解，吉，有孚于小人："维"，系缚。"孚"，验、报。君子系缚得到开解而转吉，则小人将有恶报。所谓君子道长，则小人道消。

译文

解卦：解除困难，是因为得到了同道者的援助；困难解除之后不应再有任何激烈行动，而应恢复原有的社会秩序，才会吉祥。解除困难、恢复原有秩序的工作应当迅速，才会吉祥。

初六：困难开始缓解，不会发生什么过失。

九二：在田野里猎得三只野狐，又获得黄铜箭头；伸张正义，坚守正道，所以吉祥。

六三：身上带着贵重东西，乘着华丽的马车招摇过市，招致盗寇劫夺。这样即便所怀之财取之有道，也难免羞。

九四：解开脚上的镣铐，恢复昔日的雄姿，朋友们便会聚拢在你的周围，竭诚相助。

六五：君子摆脱困境，又恢复安生养息的社会秩序，因而吉祥如意，以致那些小人也相信只有改邪归正才有前途。

上六：身居高位的公爵藏箭于身边，站在城墙高处随时准备射落那些盘旋飞来的恶鸟，不会有不利。

损卦

兑下艮上　损①有孚，元吉，无咎，可贞，利有攸往②，曷之用？二簋可用享。

初九　已事遄往，无咎，酌损之③。

九二　利贞，征凶，弗损益之④。

六三　三人行，则损一人；一人行，则得其友⑤。

六四　损其疾，使遄有喜，无咎。

六五　或益之十朋之龟，弗克违，元吉。

上九　弗损益之，无咎，贞吉，利有攸往，得臣无家⑥。

①损：卦名。通行本为第四十一卦，帛书本为第十二卦。

②有孚，元吉，无咎，可贞，利有攸往："有孚"统领以下数句占辞，即谓有大吉、无害、宜于占问、行往有利等卦兆。

③酌损之：酌量减损。处损之时，祈福之祭在规模、数量等方面要适度为之。

④征凶，弗损益之："征"，谓征伐别人以自益。"弗损益之"，谓处损之时，不应损害别人而是要帮助别人（《战国策·秦策》注："益，

助也")。这是对"征凶"的解释。上九"弗损益之"与此同训。

⑤三人行，则损一人；一人行，则得其友：此谓人杂则不同心，不同心则事败；反之则同德，同德则事成。"损一人"、"得其友"，比喻事成、事败。"三人行则损一人"，即所谓"损有余"；"一人行则得其友"，即所谓"补不足"。

⑥利有攸往，得臣无家："往"，出去做事，"得臣"，谓得为国君之臣而食朝禄。"无家"，不再闲居于家。"得臣无家"可与《大畜》卦"不家食"对看（参《大畜》卦注）。经过不断地自损、益人，至上九自家始得受益也。

译文

损卦：当有所减损时，只要有诚意，仍会大吉，不会招来祸患，可守正道，利于行事。以祭祀为例，只要心诚，即便减损到只用"二簋"的菲薄祭品，也会被神灵所接受，得到保佑。

初九：毫不犹豫地停下自己的事情去援助别人，不会有灾难；援助别人时，应斟酌量力减损自己。

九二：利于坚守正道，如果轻举妄动就会招致凶险，有时不减损自己也能助益别人。

六三：三人同行，因为主张不合而使其中一人离去；一人独行，因为孤单寂寞而寻找朋友结伴而行。

六四：治疗疾病，必须及时迅速，才会有可喜的效果，不会有灾难。

六五：人们都愿意减损自己以增益君主，用价值十倍的大龟占卜，结论也是大吉。

上九：自身充实，不仅毋须别人受损，而且使人受益；不仅太平无事，而且吉祥如意。既有利于事业的发展，亦使人臣服，一心为国，以至忘了自己的家。

益卦

原 文

震下巽上　益[①]：利有攸往，利涉大川[②]。

初九　利用为大作，元吉，无咎。

六二　或益之十朋之龟，弗克违，永贞吉。王用享于帝，吉。

六三　益之用凶事[③]，无咎；有孚[④]，中行告公用圭。

六四　中行告公从，利用为依迁国。

九五　有孚惠心，勿问元吉，有孚惠我德。

上九　莫益之，或击之，立心勿恒，凶[⑤]。

注 释

①益：卦名。通行本为第四十二卦，帛书本为第六十四卦。此与《损》卦为卦爻翻覆的关系，故次列于《损》卦后。

②利有攸往，利涉大川：《易》之卦辞通常有两种情况：一是概括卦之始或曰前半卦，二是概括卦之终或曰后半卦。《益》卦卦辞便是

益卦图

概括卦始的，所以初爻说"利用为大作"；《损》卦卦辞便是概括卦之终的，所以上爻所述与卦辞基本一样。他皆如此。

③益之用凶事：将受益的财物用于除去灾祸之事，如祭祀祓除、施舍财物等。此即后来术士所谓"破财消灾"。"凶事"帛书作"工事"，盖声之误。

④有孚：指占卦的征兆、问卦的结果。

⑤莫益之，或击之，立心勿恒，凶："立心勿恒"，谓持守为善之心不能长久。此就九五"惠我德"之"德"而言。此与《恒》卦九三"不恒其德，或承之羞"正相对照。

译 文

益卦：象征增益，有利于发展事业，有利于涉渡大川。

初九：有利于从事伟大的事业，能获得大吉而不发生过失。

六二：能得到许多人的助益，即便用价值十倍的大龟占问，结论始终一致，因为循于正道的人总是吉祥如意；就像君王用祭品祭祀天帝，天帝只保佑循于正道的君王吉祥如意。

六三：发生不测大祸而请求别人的助益，没有什么过错；但是必须本着诚信之心并且用于正道，在恳求别人时必须手持瑞玉，以天地的名义起誓。

六四：用于正道，有求必应；为了相互依靠，甚至可以迁移国都。

九五：有施予别人恩惠的诚意，不用占问就知道这是非常吉祥的事情，因为别人也会诚意给予回报。

上九：没有人来助益他，反而有人来攻击他，内心拿定了主意又不能持之以恒，必有凶险降临。

夬卦

乾下兑上　夬[1]：扬于王庭[2]，孚号[3]；有厉告自邑[4]，不利即戎，利有攸往[5]。

初九　壮于前趾，往不胜，为咎[6]。

九二　惕号，莫夜有戎，勿恤[7]。

九三　壮于頄，有凶；君子夬夬独行[8]，遇雨若濡有愠，无咎[9]。

九四　臀无肤，其行次且[10]；牵羊悔亡，闻言不信。

九五　苋陆夬夬中行，无咎。

上六　无号，终有凶。

①夬：卦名。通行本为第四十三卦，帛书本为第四十二卦。"夬"通"决"，果决，爻辞之"夬夬"即取此义。从卦象、卦辞来看，卦名"夬"取义于决断、占断，卦象为上《兑》下《乾》。按照《说

决之图

卦》的解释，"兑为口，为巫"，"乾"为天，象天阙、朝廷。《夬》卦之卦象象征巫人在王庭占断卦兆，卦辞"扬于王庭，孚号"等即是此义。至于《彖传》、《象传》则对卦象有其他解释，说见后。《归藏》作"规"，"规"，谋断（《淮南子·主术训》注"规，谋也"）。与"夬"之决断意义相含。扬雄《太玄·断》准《夬》卦，云："阳气强内而刚外，动能有断决"，又云："决其聋聩，利有谋也"，可资参证。

②扬于王庭："扬"，称说（《淮南子·说山训》注："扬，称也。"《广雅·释诂》："扬，说也。"《汉书·霍光传》注："扬，谓宣唱之"）。"扬于王庭"谓巫人在王庭占断卦兆。

③孚号："孚"，卦兆。"号"，告，示（《广雅·释诂》："号，告也。"《蒙》卦《释文》"告，示也"）。

④有厉告自邑："厉"，危险。"邑"即《否》卦"自邑告命"之"邑"，属邑。

⑤不利即戎，利有攸往："即"，就，从。"戎"，兵。"即戎"即出兵征战（《论语·子路》"善人教民七年亦可以即戎矣"，《黄帝四经·经法·君正》"七年而可以征"，是"即戎"即征战）。"利有攸往"在这里指利于做出兵征战之外的事情。

⑥壮于前趾，往不胜，为咎：《大壮》初九"壮于趾，征凶"与此"壮于前趾"同，喻勇于前进。初在最下，故以"趾"喻（按：古"前"字作"歬"，疑"歬"为"趾"之讹衍）。初在最下而过于勇进，有往而不能胜任之象，故占为有咎（"为"犹"有"）。

⑦惕号，莫夜有戎，勿恤：《旅》卦"旅人先号咷而后笑"，"号"即"号咷"之省，为"笑"之反面，喻惊惧。"莫"，古"暮"字。"恤"，忧，患。"勿恤"，无有患害。朱熹云："九二当决之时，刚而居柔，又得中通，故能忧惕号呼以自我戒备，而莫夜有戎，亦可无患也。""戎"，兵寇、战事。

⑧君子夬夬独行：此从高亨断句，下文"苋陆夬夬中行"同。"夬夬"，果决的样子。三居下卦之极，以阳居刚，故云"夬夬"。

⑨遇雨若濡有愠，无咎：阳刚九三与阴柔上六正应，以阴柔调节阳刚而使之和柔，有"遇雨"之象。

⑩臀无肤，其行次且：四爻居上卦之初，故以"臀"取喻。"无肤"，谓刚决受惩而臀无完肤。"次且"又作"趑趄"，难进之貌。

夬卦：清除奸巧小人，应在朝廷上公开宣布其罪恶，然后以诚心号召众人一起行动；小人垂死挣扎，危险仍然存在，因此还要告诫自己领地的人民，倘有不利便动用武力，除奸行动一定能顺利进行。

初九：壮胆举步前行，却力不从心，以至自取其辱。

九二：大声疾呼，警惕敌人来犯，所以即便夜间有敌偷袭，也不必担心失利。

九三：怒形于色，便会招致小人的憎恨、暗算；虚与委蛇，又会被刚毅的君子误解与小人妥协，心中不免懊恼，有如单独行路遇到大雨，外面的衣服被淋湿，内心则窝着一团火，这并没有什么关系，因为误解总会消除。

九四：屁股上脱掉了皮，走路趑趄艰难；羊牵在手里还怕它逃走，别人的忠告充耳不闻。

九五：虽有清除小人之心，但态度又很暧昧，有如割苋陆草一样不干脆；但是毕竟还有刚毅中正之心，清除小人之事不至于有何过失。

上六：已经走投无路，哭喊求饶亦无济于事，最终难逃厄运。

姤卦

原文

巽下乾上　姤①女壮，勿用取女②。

初六　系于金柅，贞吉。有攸往，见凶，羸豕孚蹢躅③。

九二　包④有鱼，无咎，不利宾。

九三　臀无肤，其行次且，厉，无大咎。

九四　包无鱼，起凶。

九五　以杞包瓜，含章，有陨自天⑤。

上九　姤其角⑥，吝，无咎。

注释

①姤卦：巽下乾上，象征柔刚相遇。

②取女：娶女。

③柅：铜制的车轮车闸。羸豕：瘦猪。孚：此为通浮的意思。蹢躅：此为踯躅的意思。

④包：通"疱"，厨房。

⑤以杞包瓜：用杞柳的柳

复姤小父母图

102

叶蔽护树下之瓜。含章：内涵彰美。陨：降落。

⑥角：动物的角，指上方，角落。

译 文

姤卦：象征通过，刚柔遇到。姤卦卦象是下单卦为巽，为风；上单卦为乾，为天。风生水起，万物萌生。姤卦为分离；姤卦为相遇。女子过分健壮必会有伤男子，不宜娶此种女子为妻。

初六：将小人紧紧缚在铜车闸上，定有吉祥。而急于让小人有所行动，则必然出现危险，如同把一头瘦猪捆绑起来，它仍会竭力挣脱。

九二：用草袋将厨房里的鱼（象征小人）包起来，不让他与宾客接触，可以免灾。

九三：臀部无皮，趑趄不前，坐立不安，但有险无灾。

九四：厨房无鱼，比喻不能包容小人，而且缺乏包容容让之心，会使人心背离，凶。

九五：用杞柳荫护树下之瓜，象征心有彰美之德，定有喜庆。

上九：不与小人正面抵触，虽看似不够刚正，但却没有灾祸。

萃卦

坤下兑上　萃①亨，②王假有庙③，利见大人，亨利贞④；用大牲吉，利有攸往⑤。

初六　有孚不终，乃乱乃萃⑥；若号一握为笑；勿恤，往无咎⑦。

六二　引吉⑧，无咎；孚乃利用禴⑨。

六三　萃如嗟如，无攸利；往无咎，小吝。

九四　大吉，无咎。

九五　萃有位，无咎，匪孚，元永贞，悔亡。

上六　赍咨涕洟，无咎。

①萃：卦名。通行本第四十五卦，帛书本第四十三卦。《彖》、《象》、《序》、《杂》诸传均训"萃"为"聚"，这是正确的。卦象是上《兑》泽，下《坤》地，泽潦停聚于地上，故卦名之"萃"是停聚、汇聚之义。而爻辞中的三个"萃"字则是聚敛、聚财之义。孟秋泽潦汇聚，又为聚蓄之时，正与《萃》卦相合。

②亨：注家多以此"亨"为衍字，各本无此字，帛书本亦无，

独王肃、王弼本有此字。按：疑此非衍字，疑本作"享"。"享，王假有庙"，谓为享祀祖先，王至于宗庙。《彖传》"王假有庙，致孝享也"正释此"享"字（参高亨说）。

③王假有庙："假"，至。"有"读为"于"，帛书即作"于"。卦辞主语为"王"，六爻爻辞之主语可能均是"王"。

④利见大人，亨利贞：言将遇贵人相助，亨通而占问有利。此盖祭祖问著而得之吉占。

⑤用大牲吉，利有攸往："大牲"，指用牛作祭祀的牺牲（《说文》："牛，大牲也"）。《易》无"用俘"一词，可见有人读"孚"为"俘"，并认为以俘为人牲的说法是有问题的。

⑥有孚不终，乃乱乃萃："不终"即"无终"，谓结局不好。两个"乃"字释为因、因为。"乱"，悖乱。"萃"，聚敛财物。初六阴爻居刚位，处位不正，故云"乃乱乃萃"。聚财当以正道，即《彖传》所谓"聚以正"。聚以正道则无咎，九五是也；聚不以正，则"乱"则"嗟"，初、三是也。

⑦勿恤，往无咎："恤"，忧愁、忧虑。此言若能惕号知戒，则无须再忧愁，前往无害。

⑧引吉："引"，长、长远、长久，其大方能久远，故"引吉"谓大吉。《老子》所谓"大曰逝，逝曰远"（二十五章）、《系辞》所谓"可久则贤人之德，可大则贤人之业"。

⑨孚乃利用禴："孚"谓有孚，卦兆显示。"禴"，春季之薄祭。

译文

萃卦：人才荟萃，万事亨通；君王宗庙祭祀，伟大人物普济万民，不仅亨通，而且对有德君子十分有利；因为用大牲口作为祭品，所以吉祥，并且有利于事业的发展。

初六：志同道合之心不能贯彻始终，就会扰乱正常的聚集；倘若及时求得对方的谅解，仍可握手言欢；不要因此忧虑，大胆前往相聚不会有错。

六二：由援引而会聚必然吉祥，没有灾殃；只要心诚，薄祭也能得到神的赐恩。

六三：相聚在一起，一味地叹息，并无益处；振奋前进无灾难但有小小的憾惜。

九四：位不当，却有福禄，也可以说是吉。

九五：会聚而获得拥戴，没有灾祸，但是还不能获取众人信任，就要用德性去感化了，才能使民众臣服。

上六　居上而孤处不安，其情必然戚戚。此时就要反思其行了，这样才能身不安而义自正。

升卦 ䷭

巽下坤上　升①元亨，用见大人，勿恤，南征吉②。

初六　允升③，大吉。

九二　孚乃利用禴，无咎④。

九三　升虚邑。

六四　王用亨于岐山⑤，吉无咎。

六五　贞吉，升阶⑥。

上六　冥升，利于不息之贞。

注释

①升：卦名。通行本为第四十六卦，帛书本为第四十卦。此与《萃》卦为卦爻翻覆的关系，故次列于《萃》卦下。帛书本卦名作"登"，《归藏》作"称"，升、登、称皆为蒸部字。

②用见大人，勿恤，南征吉："用"犹可、利，本或作"利见大

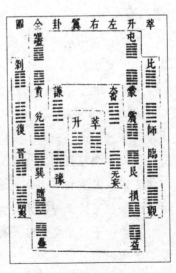

萃升左右翼卦全图

107

少年读易经

人"，帛书即作"利见大人"。经文"利涉大川"亦作"用涉大川"（如《谦》卦），与此同。"恤"，忧虑。"南征"，南行。"南征吉"即所谓"利西南"、"西南得朋"之类。《易》凡言"南"者，皆利、皆吉，因南为温暖向日之方。程、朱释"南征"为"前进"，亦通。

③允升：经文"允"字两见，皆为"信"义。《晋》卦六三"众允，悔亡"，此"允"为信赖之义。"允升"之"允"是心存诚信之义。"允升大吉"犹《无妄》初九"无妄往吉"。《象传》"柔以时升"即谓诚信守时不妄升进，当指此爻而言。

④孚乃利用禴，无咎：已见《萃》卦六二。

⑤王用亨于岐山："用"犹"可"、"宜"。"亨"同"享"，享祭。"岐山"在镐京西，故亦称为"西山"（《随》卦上六"王用亨于西山"）。山主安泰，宜于祭山，是此爻主平安，故下说"吉无咎"。

⑥升阶：谓以次而升、步步升进。

译文

升卦：前进会非常亨通，能得到慧眼的赏识，不必忧虑；向上攀登，一定吉祥。

初六：宜于上升，必然吉祥。

九二：只要心诚，简单的祭祀也能获得神的恩赐，无灾也无难。

九三：勇往直前，如入无人之境。

六四：君王到岐山祭祀神灵，吉祥无灾难。

六五：坚持正道，才会吉祥，并能拾级而上，顺利前进。

上六：不知不觉已经升进到了极顶，此时仍应保持不断进取的精神状态。

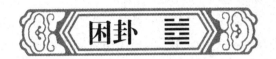

困卦

原 文

坎下兑上　困^①亨，贞，大人吉，无咎；有言不信。

初六　臀困于株木，入于幽谷，三岁不觌 (dí)。

九二　困于酒食，朱绂方来，利用享祀，征凶，无咎^②。

六三　困于石，据于蒺藜^③；入于其宫，不见其妻，凶。

九四　来徐徐，困于金车，吝，有终。

九五　劓 (yì) 刖 (yuè)^④，困于赤绂，乃徐有说，利用祭祀。

上六　困于葛藟 (lěi)，于臲 (niè) 卼 (wù)，曰动悔有悔，征吉。

注 释

①困：卦名。通行本为第四十七卦，帛书本为第四十五卦。
《困》卦上下卦颠倒则为《节》卦，象水在泽上，流行漫衍，当适
度节制之，故卦名《节》。而《困》卦上《兑》泽，下《坎》水，
水在泽下，失流通之性，困之象也，故名为《困》。叶适《习学记
言序目》云："坎之水以流行通达为用，当泽上之时，坎为所包，
而流行通达之用失矣。"

②征凶，无咎："征"谓妄行进取。"无咎"，谓止而待时则无
咎害。

③困于石，据于蒺藜："石"指坚刚之地，喻险境（参《豫》卦六二"介于石"）。"据"，依凭。"蒺藜"，有荆棘之植物。"据于蒺藜"，言处于是非之地、不祥之地。古之牢狱、墓冢四周树之以蒺藜，故古多以蒺藜、荆薪取譬不祥。

④劓刖：朱骏声《六十四卦经解》："劓刖，一作臲卼，一作倪仉，一作槷黜，不安貌。九五人君不当有劓刖之象。"按："劓刖"与上六之"臲卼"宜同，均为心中不安宁的样子。若云"劓刖"，则下不当复言"有说"。

译 文

困卦：身处困境，仍然豁达开朗，执于正道，这样的有德君子一定吉祥无灾难；此时说话，别人不会相信。

初六：困坐在树桩上，深入幽谷，三年不见天日。

九二：因为酒菜过于丰盛而坐立不安，却又添上了华贵的蔽膝朱绂，这样的待遇只配用于祭祀神灵，平时享受难免招致凶险，马上改过可保无咎。

六三：迷困于乱石之间，攀撑于蒺藜丛中，好不容易脱身回家，已经不见了妻子，多么凶险。

九四：姗姗来迟，因为途中被坚固的金车所困，虽然遇到了一些麻烦，最后终于脱身。

九五：削鼻砍脚，为权贵所陷害，但是，慢慢地总可以得到援助，摆脱困境，只要具有像祭祀神灵时那样坚定的信念。

上六：被关押在用葛藟、木桩围住的监狱里，开始对自己的过失有所悔悟；能及时反省，便会有吉祥降临。

井卦

巽下坎上　井^①改邑不改井^②，无丧无得^③，往来井井^④。汔至亦未繘，羸其瓶，凶。

初六　井泥不食，旧井无禽。

九二　井谷射鲋，瓮敝漏。

九三　井渫不食，为我心恻^⑤。可用汲，王明，并受其福。

六四　井甃（zhòu）^⑥，无咎。

九五　井冽，寒泉。

上六　井收勿幕，有孚元吉。

①井：卦名。通行本为第四十八卦，帛书本为第二十四卦。此与《困》卦为卦爻翻覆的关系，故次列于《困》卦后。

②改邑不改井："改"，更易迁徙。"邑"，城镇村邑。此言城邑可移徙而井则不可移易。王弼注说："井以不变为德者也。"或训"改"为改建、改变，不定。

③无丧无得："丧"谓减少，"得"谓增加。此言人们无论是取用它或不取用它，它都不会有减少或增加的变化。此与黄老道家对

111

"道"的表述很接近。王弼注此句云："德有常也。"程传云："汲之而不竭，存之（按：指存而不用）而不盈，无丧无得也。"

④往来井井："往"谓人们徙去，"来"谓人们迁来。"井井"，水井依然是水井。王弼注此句云："不渝变也。"

⑤为我心恻："为"，使（王注）。

⑥井甃："甃"是指修治井壁。六爻仅此一爻言治井，而治井包括掏污、浚深、修井壁等，此举一以赅之，象云"井甃无咎，修井也"就是这个意思。

井卦象征汲取之理。井卦的卦象是下单卦为巽，为木；上单卦为坎，坎为水。两卦结合木汲取水源而新生。林邑可以迁变，但水井依旧。以汲水之理，汲水引而上之可养人，反之为凶。这说明凡事都有定分，用人亦得相宜。如井太深，绳不及即未能尽其用；深入其下，瓶触于井边而毁，亦功败垂成，徒劳而无功。

初六：水井浚治不及，泥渣聚积，井水不能食用，没有飞鸟再来栖息。

九二：涓涓细流，只堪滋润小鱼了，就像漏了的瓦瓮一样。这说明用人者无益贤才之实，虽有君子，也遇而不见。

九三：枯井已经淘净却不能饮用，未免感到痛惜，怜才者见之亦心伤。贤士也应有待求沽之意，如王明之受福。

六四：修井要修井壁，才不会有灾难。贤士也当进修，以待时机。

九五：井水清洌，能以食用，如贤能有德的人可普济众生。

上六：井已修复，无须再盖井口。

革卦

原　文

离下兑上　革①己日乃孚②。元亨，利贞，悔亡。

初九　巩用黄牛之革③。

六二　己日乃革之，征吉，无咎。

九三　征凶，贞厉，革言三就，有孚。

九四　悔亡有孚，改命④，吉。

九五　大人虎变，末占有孚。

上六　君子豹变，小人革面，征凶，居贞吉⑤。

注　释

①革：卦名。通行本为第四十九卦，帛书本为第四十七卦。《革》卦上《兑》泽，下《离》火，欲知卦象之义，当先知"革"字之义。

②己日乃孚：即"己日革之乃孚"的省文，是说局面发生好转，到了己日乃有应验。为什么要说"己日"？古人以干支记日，有刚日、柔日之说。奇为刚，如甲、丙、戊、庚、壬；偶为柔，如乙、丁、己、

革历图

辛、癸。己日正为柔日，盖视为吉日；犹今人以双日为吉日（或以为当作"巳日"，巳于地支中亦为柔日）。

③巩用黄牛之革："巩"，以皮绳约束（《说文》："巩，以韦束也"。"韦"，皮革、皮绳）。当革之初，时机尚不成熟，要约束自敛。不言吉凶者，能则无咎，不能则有咎。

④改命："改"，改变，向好的方面转化。"命"在《周易》里多指命运、天命（亦有指"命令"的），即客观事物发展规律、趋势。

⑤征凶，居贞吉："征凶"即《乾》卦上九"亢龙有悔"之义；"居贞吉"则《乾》卦用九"见群龙无首吉"之义。

译 文

革卦：变革在"己日"发动，才能获得民众的拥护，并且非常顺利，朝着有利于正义的方向发展，使人悔恨的事情不会再发生。（"己日"，在十天干中己越过中央，是盛极而衰必须变革的时刻，故"己日"寓有变革之日的含义。）

初九：如同用黄牛皮制成的革绳牢牢地绑住手脚那样，控制住刚烈急躁。

六二：在己日进行变革，前进必然吉利，不会有灾祸。

九三：急躁冒进会有凶险，即使行为正当亦难免危险；关于变革的言辞务须深思熟虑、再三讨论，意见一致后才能付诸行动。

九四：悔恨消除，然而仍需得到民众的信任、支持，才能吉祥。

九五：领袖人物发动变革，像斑斓猛虎一般势不可挡，即使未占问前途如何，民众仍然相信变革能够成功。

上六：君子进行变革，就像有斑纹豹子一样敏捷，庶民也应旧貌换新颜；继续前进有凶险，安静无为才合乎正道而吉祥。

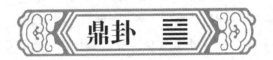

鼎卦

巽下离上　鼎[①]元吉，亨[②]。

初六　鼎颠趾，利出否，得妾以其子[③]，无咎。

九二　鼎有实，我仇有疾，不我能即，吉。

九三　鼎耳革，其行塞，雉膏不食；方雨亏悔[④]，终吉。

九四　鼎折足，覆公餗，其形渥，凶。

六五　鼎黄耳，金铉[⑤]，利贞。

上九　鼎玉铉[⑥]，大吉，无不利。

注 释

①鼎：卦名。通行本为第五十卦，帛书本为第五十六卦。此与《革》卦为卦爻翻覆的关系，故次列于《革》卦后。《杂卦》说："《革》，去故。《鼎》，取新。"事实上。《革》卦与《鼎》卦的爻辞都包含有去故纳新的意思。

②元吉，亨：程、朱以为"吉"字衍，当本作"元亨"。按：疑经文不误，《象传》有误，说见《象》注。

③得妾以其子："以"，予，给（《广雅·释诂》："以，予。"）。"以其子"，谓给他生儿子（也有释"以"为"与"，连词，犹

"及")。"得妾"是新娶,"予其子"是新生;皆含取新、更新之义。

④方雨亏悔:"方",即将。"亏",消、去(《广雅·释诂》:"亏,去。")。"亏悔"即悔去、悔亡。《易》例以"雨"为阴阳和合之象,皆为吉占,如《睽》上九"往遇雨则吉"之类。

⑤鼎黄耳,金铉:"黄"、"金"互文,"黄"谓其色,"金"谓其质(指铜)。"铉",耳上之环,所以插杠者。此"耳"及"铉"为旧革而新更之耳、铉。"黄"与"金"喻吉、坚、贵。

⑥鼎玉铉:"玉铉",鼎环之嵌玉者,较"金铉"为更贵。二者皆大吉之象。

译 文

鼎卦:革故鼎新,十分吉祥、亨通。

初六:鼎颠倒其足,能消除掉鼎中秽物因而有利;讨妾是为了生育儿子,并无过失。

九二:鼎中装满实物,心中充满仇恨,不为恶所诱惑,吉祥。

九三:鼎没有了耳,移动起来就有困难,即使鼎内有美味的鸡肉,也难以享受;阴雨总有天晴,最终会吉祥。

九四:鼎足折断,打翻了王公的美食,溅得一身淋漓,凶险。

六五:黄色的鼎耳,坚固的耳环,革新能够顺利进行。

上九:鼎的耳环是玉料所镂刻,革新大吉,无所不利。

震卦

震下震上　震①亨②。震来虩虩（xī），笑言哑哑③。震惊百里，不丧匕鬯（chàng）。

初九　震来虩虩，后笑言哑哑，吉。

六二　震来厉，亿丧贝。跻于九陵，勿逐，七日得。

六三　震苏苏，震行无眚（shěng）④。

九四　震遂泥⑤。

六五　震往来厉，亿无丧有事⑥。

上六　震索索，视矍矍（jué），征凶⑦。震不于其躬，于其邻，无咎⑧。婚媾有言⑨。

①震：卦名。通行本为第五十一卦，帛书本为第二十五卦。《震》卦下震上震，震为雷，二者相重，雷之巨者，即所谓霹雳。帛书作"辰"，与"震"音同，"震"本为"辰"之孳乳字。

②亨：震，动也，变动也（《吕览·知士》注："动，变也"）。迅雷风烈必变，知自惕惧警戒，发扬拨厉，所以能因震变而亨通。

③震来虩虩，笑言哑哑："虩虩"，帛书作"愬愬"，即《履》

117

卦"履虎尾，愬愬终吉"的"愬愬"（《释文》："荀作虩虩"）。"愬愬"与"苏苏"、"索索"音同义近，皆恐惧的形况字。若细加区别，则"愬愬"（"虩虩"）谓恐惧而戒备，"苏苏"谓恐惧不安，"索索"谓恐惧畏缩。"笑言"又作"笑语"（《释文》）。"哑哑"，笑语的形况词。初惧而虩虩，后镇定而哑哑；惧而警戒自厉，后能转危为泰、笑言哑哑。

④震苏苏，震行无眚："苏苏"（帛书作"疏疏"），惶惧不安的样子。"震行"，震惧而行、战战兢兢行进（按：前已言"苏苏"，则"震行"或可释为雷霆震动时行进。又疑"震行"之"震"为衍字，"震苏苏，行无眚"与上六"震索索，征凶"相对为文）。"眚"，灾。六三阴柔，故临震"苏苏"；时处刚位，故能"行"而"无眚"。

⑤震遂泥："遂"或作"队"，古"坠"字，坠入。"泥"，泥泞，读与《需》卦"需于泥，致寇至"之"泥"同。九四本为阳爻，然居于柔位，故惧震而坠陷泥泞中。三、四、五互体为"坎"，此入于坎陷，不吉之象。

⑥震往来厉，亿无丧有事："往来"，霹雳连续不断（或谓人之往来）。此"亿"与六二"亿丧贝"之"亿"同。"有"犹"于"。"无丧于事"即于事无损（又"丧"或可训为"败"，言无败于事。五居中位，有"积中不败"之象）。

⑦震索索，视矍矍，征凶："索索"与"蹜蹜"音通，畏缩不前的样子。"矍矍"，四下惊顾。"征凶"，有所行往则凶（"征"或作"往"）。上六阴爻居柔位，才弱不能自振，故占曰"征凶"。

⑧震不于其躬，于其邻，无咎："其躬"，其身，指上六。上六才弱，未敢行进，故雷震未击其身而击其邻，得免于咎害；又雷击其邻，上六知戒，亦得免咎（帛书"无咎"前衍"往"字。既说"征凶"，则此不得复言"往无咎"）。

118

⑨婚媾有言："言"读如"愆"，愆咎、麻烦。今民俗有婚娶忌雷鸣之说，盖为古俗。又"婚媾"喻阴阳和合。"婚媾有言"，言上六虽无咎，然尚不得通也。

译文

震卦：象征剧烈而快速的震颤。又意为惊恐震惊。上下单卦都为震，指大地震动，阴阳交合。雷霆轰响，人人惊恐，只有恬而安之，才能尽于欢笑中。即使雷声惊闻百里，虔诚祭祀神灵的人，匙中的美酒不会洒落。

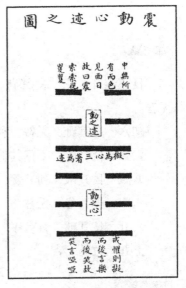

震动心迹图

初九：雷霆急响，万物俱惶，内省后复而笑谈，可得福。记取震慑的教训，足以为之。随后又谈笑风生，必获吉祥。

六二：雷霆来临，损失大量家财。应该赶快逃往九重高山避难，而不要去追寻财物，七天之内财物自会失而复得。

六三：雷霆震动，恐惧而知反省，改过从善，不会有灾难。

九四：雷霆震动，惊慌失措的人会落入泥沼中，不能自拔。

六五：雷霆震动，上行下往，都有危险；恪守中庸之道，才不会发生事故。

上六：雷霆震动，心情沮丧，心神不定，干任何事，都不会成功；但仅震及近邻，能戒以动摇其心志，则无灾祸。不过近邻受难，难免遭到抱怨。

艮卦

艮下艮上 艮①艮其背，不获其身②；行其庭，不见其人③，无咎。

初六 艮其趾，无咎，利永贞④。

六二 艮其腓，不拯其随，其心不快。

九三 艮其限，列其夤，厉薰心。

六四 艮其身，无咎⑤。

六五 艮其辅，言有序⑥，悔亡。

上九 敦艮，吉。

①艮：卦名。通行本为第五十二卦，帛书本为第九卦。此与《震》卦为卦爻翻覆的关系，故次列于《震》卦后。单卦的《艮》（☶）象《坤》（☷）土上方隆起，故其象为山。山为险阻，两《艮》相重，谓重重险阻。此卦卦名与卦辞首字相重，故原文省卦名"艮"字，今补。

②不获其身："获"，得。不得其身，谓谨慎背后，使人不得伤害其身。

艮卦图

120

又《广雅·释诂》"获，辱也"，谓谨防背后，使身不受辱。高亨读"获"为"护"，可参考。

③行其庭，不见其人："行其庭"的主语是初六，即问著者。"其人"，指问著者，即初六。"不见其人"，谓他人不得见其踪影。不得见其踪影，自然不能伤害于他，所以说"无咎"。

④艮其趾，无咎，利永贞："利永贞"，谓长久坚持则占问有利。初六阴爻，本为柔静者，故能谨其足趾之行而无咎害；但处于刚位，恐其躁动，故又戒之以"利永贞"。

⑤艮其身，无咎："身"，上身。六四已入《艮》之上体，在腰胯之上，故指上身。六四以阴居柔，故能谨慎上身的行动而无咎害。

⑥艮其辅，言有序："辅"，口颊，口。此谓谨其口而不妄语，出言则必有条理，《坤·文言》所谓"括囊，无咎无誉，盖言谨也"。《集解》本"序"作"孚"。

译文

艮卦：人的背部静止，整个身体也便难以移动；内心安静，即便进入有人的庭院也视若无睹。稳且静，人就不会有过失。

初六：首先要控制住脚趾上的动作，脚趾稳定则不失足，其益在于有始有终。

六二：腿停止不动，却不能阻止其上位者的冒进而只得勉强相随，因而心中不会愉快。

九三：抑制腰部的活动，两肋的肌肉便像被分裂开来一样，不能活动，其难受犹如烟火熏心肺。

六四：能够自我控制其身体，便不会有过失。

六五：说话谨慎，条理清晰，后悔之事便不会发生。

上九：以谨慎敦厚为归宿，吉祥。

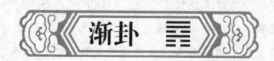

渐卦

艮下巽上　渐①女归吉②，利贞。

初六　鸿渐于干③，小子厉，有言，无咎④。

六二　鸿渐于磐，饮食衎衎，吉。

九三　鸿渐于陆，夫征不复，妇孕不育，凶，利御寇。

六四　鸿渐于木，或得其桷，无咎。

九五　鸿渐于陵，妇三岁不孕，终莫之胜，吉。

上九　鸿渐于陆，其羽可用为仪，吉。

注 释

①渐：卦名。通行本为第五十三卦，帛书本为第六十卦。"渐"是逐渐进入的意思（王弼注："渐者，渐进之卦"。《书·禹贡》注："渐，入也"）。六爻爻辞的"渐"都是以鸿雁渐入某种处所来象征人的逐渐进入某种环境，并以此占断吉凶休咎。上九的进至陂池则是经过渐进而得到的最终也是最佳归宿。卦辞的"女归吉"也是经过渐进而最终得到的归宿。

122

②女归吉："归"，嫁。妇人谓嫁为"归"，言以嫁人为终极归宿。古代婚娶有六礼，是有一个渐进过程，与卦名"渐"相合；又"渐"有"进"义，言筮得《渐》卦，占得卦辞，婚嫁可以进行。《渐》卦上为阴卦，下为阳卦，象阴阳交通；六二阴爻与九五阳爻正应，亦象阴阳交通。女子占得本卦卦辞谓出嫁吉，若男子占得，亦为娶女吉。

③鸿渐于干："鸿"，水鸟，即雁。"干"，水边。此为爻象，后半部为爻占。六爻均如此。

④小子厉，有言，无咎：此为爻占。"小子"，男女孩的通称（朱骏声《六十四卦经解》："小子者，女未笄、男未冠之称"）。"言"同"愆"，愆过，麻烦。本为阴爻，位居最下，涉世未深之小子占得此爻，又上无应援，所以"厉"；然进得其所（鸿为水鸟，正宜在水边），故虽有愆而无咎害。

译文

渐卦：象征事物一步步地渐进。渐卦的卦象是下单卦为艮，艮为山，为止；上单卦为巽，为顺遂而进。物不可终止，故循次以进。女子出嫁婚姻大事都要循礼渐进，如地相邻，爵相等，族相若，年相近，媒妁以通，各得其正，以渐而吉。

初六：鸿雁飞落到水边，但仍逡巡不前。象征小孩子不可急于行动，虽不致有危，但应自循其本分。

六二：鸿雁飞落在巨石上，落脚平稳，正在欢悦地饮食。吉。

九三：鸿雁飞落到中原平旷之地，失落于雁群，犹如丈夫打仗不回还，妻子还有孕在身，其情不固，所以凶。而刚强只适用于抵御外敌。

六四：鸿雁飞落在房屋的橡木上可以暂安，但鸿雁不可木栖，故应变而不失其正。

九五：鸿雁飞落到高陵上，居高而不遽然飞下，预示与妻子三年不相交而未怀孕，今朝聚首，夙愿以偿。

上九：鸿雁在天空中自由飞翔，落下的羽毛鲜艳光彩，可用作妆饰，十分吉祥。

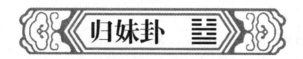

归妹卦

兑下震上　归妹①征凶，无攸利②。

初九　归妹以娣，跛能履，征吉③。

九二　眇能视，利幽人之贞④。

六三　归妹以须，反归以娣。

九四　归妹愆期，迟归有时。

六五　帝乙归妹，其君之袂不如其娣之袂良；月几望，吉。

上六　女承筐无实，士刲羊无血。无攸利。

①归妹：卦名。通行本为第五十四卦，帛书本为第二十九卦。此与《渐》卦为卦爻翻覆及卦爻反对的关系，故次列于《渐》卦后。卦象上《震》雷，下《兑》泽，象雷迫近于泽，为季秋九月之卦，万物敛缩之时；万物由动归于静，由作归于息，故卦辞言"征凶，无攸利"，谓筮得此卦，当静而待时。

②征凶，无攸利："征"在《易》中有三义：一为征伐，二为出行，三为"行"，即行事、做事。此处用为行事、做事，至于行嫁、行娶之事亦在其中。筮得《归妹》卦，占得卦辞，则不宜行

嫁娶等诸事，应静而待时；上六"无实""无血"之凶象及"无攸利"正与卦辞相照。《太玄·内》(准《归妹》卦)说"阴去其内而在乎外，阳去其外而在乎内，万物之既(尽，凋尽)"，此有助于对卦辞"征凶，无攸利"的理解(所谓阴外阳内犹《象》之"柔乘刚")。

③归妹以娣，跛能履，征吉："归"，嫁。"妹"，少女。"娣"，女弟，犹今语之妹妹。"以娣"，以少女的妹子陪嫁作为侧室或曰妾。"跛"同"蹇"，一足瘸而难行。"能"，善，善于(《荀子·劝学》注："能，善也。")。"履"，行。"征"，前往做事，前往行嫁娶之事。"归妹以娣"，喻行事合于常规。"跛"，喻时之艰。动合于理，虽遇时艰，仍善处之，行事亦吉。足跛，喻处时不利。以身为媵，象因其时而自屈抑。因时顺处，不但能行，而且行可获吉。

④眇能视，利幽人之贞："眇"，一目盲而难视。"能"，善。"视"，观察。"幽人"，女子占之，谓待字深闺、女行端正者；男子占得，则谓待贾椟中、抱道守正的君子(朱熹说"幽人，亦抱道守正而不偶者也"，朱骏声说"幽人，男未仕、女未嫁之名")。九二处下卦《兑》泽之中位，象深居幽处者；虽目眇难视之时，却善于相时待机。所"视"者，上视应爻六五而待售；应爻六五，其在女子则为女之佳配，其在男子，则为臣之贤君。于《易》，处下卦《兑》之中位，多有"幽人"之象，如《履》卦下《兑》九二"履道坦坦，幽人贞吉"。又如《中孚》卦下《兑》九二"鸣鹤在阴"，亦为幽人之象。又如《睽》卦下《兑》九二"遇主于巷，无咎"，亦幽人深巷遇得贵人之象。又《损》卦下《兑》九二"利贞，征凶"，亦幽人占问有利而躁进则凶之象。总之，下卦《兑》泽中位，皆有虽逢时难而能守静待机、自处得宜之象(又朱骏声说"利幽人之贞"或本无"之"字。盖涉《象传》而衍)。

归妹卦：少女嫁长男，有悖常理因而凶险，发展下去无益处。

初九：少女出嫁做偏房，就像跛足者勉力行走，仍能获得吉祥。

九二：双目一瞎一明，仍能看清东西；幽居之人，利于守正。

六三：少女冒充其姊出嫁做正室，事发后仍以妹妹的身份从姊陪嫁做妾。

九四：超过了一般年龄还不出嫁；迟迟不嫁，是为了等待更好的机遇。

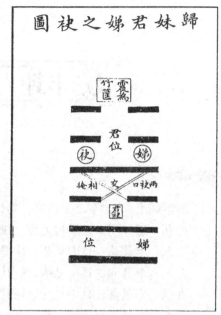

归妹君娣之袂图

六五：帝乙将女儿出嫁，大女儿的衣着不如从嫁的妹妹的衣着那样华丽，这是因为她脸如满月，长得十分丰满娇好，穿上什么样的衣服都会吉祥如意。

上六：新娘子托着盛放礼品的篮子拜见公婆，篮内却没有什么干果，新郎举行割羊仪式，羊却流不出血；一切都是那样的不顺利。

丰卦

离下震上　丰①亨，王假之，勿忧，宜日中②。

初九　遇其配主，虽旬无咎，往有尚③。

六二　丰其蔀，日中见斗，往得疑疾，有孚发若，吉。

九三　丰其沛，日中见沫，折其右肱，无咎。

九四　丰其蔀，日中见斗，遇其夷主，吉。

六五　来章，有庆誉，吉。

上六　丰其屋，蔀其家，窥其户，阒其无人，三岁不觌，凶。

注　释

①丰：卦名。通行本为第五十五卦，帛书本为第三十一卦。《丰》卦上《震》下《离》。震为动。离即罗，罗网、法网、刑网、狱网。《丰》卦象人行为有失而动入狱网之中。爻中"丰蔀"、"丰沛"等均人在牢狱之象，而"王假之"、"遇主"、"来章"等则为遇赦之象。爻中之"丰"字是遮盖之义，亦是取义于蔽于牢中不见天日。

②亨，王假之，勿忧，宜日中："王"，泛指大人、贵人。"假"，至、来到。"王假之"，言将有贵人降临。"宜"犹利。"日中"，日在中天，正午时分。

③遇其配主，虽旬无咎，往有尚："配"，帛书作"肥"，厚、

128

仁厚（《国策·秦策》"肥仁义"，注："肥，犹厚也"）。"虽"，帛书作"唯"，语辞。"旬"，十日之内（按：或本作"均"。当以作"旬"为是，卜辞"贞旬"一语习见，为殷周卜筮问旬日内休咎之证）。"尚"，嘉尚、好处。此"遇其

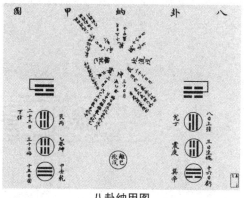

八卦纳甲图

肥主"即卦辞的"王假之"，所谓"利见大人"之义。此言旬日之内将有贵人相助。

译 文

丰卦：盛大意味着亨通；君王值此盛极之时，不应该整天担忧盛极而衰，而应该积极设法使盛大的事业如日中天一般继续保持下去。

初九：只要能够遇见与自己相般配的主人，即使延迟一些时间也无妨，前往会受到赏识器重。

六二：太阳被巨大的帘子遮住，以致中午也能看见北斗星；追随昏君，将会受其怀疑猜忌。但是，待之以诚信，启发其良知，仍可吉祥。

九三：太阳被巨大的幔幕遮蔽，以至中午时也能看见天上的那些小星星；处在暗无天日的时期，即便有济世之心，也只得像折断了右臂一样无所作为，以避免灾祸。

九四：太阳被巨大的帘子遮蔽，以致中午也能看见北斗星；志同道合者，吉祥。

六五：招揽贤能人士，会得到喜庆和美誉，因而吉祥。

上六：房屋高大，窗户都用帘子遮蔽着，从门缝中往里窥视，静悄悄地没有人影。一连三年，不见有人出入，必有凶险。

旅卦

艮下离上　旅[①]小亨，旅贞吉[②]。

初六　旅琐琐，斯其所取灾[③]。

六二　旅即次，怀其资，得童仆，贞[④]。

九三　旅焚其次，丧其童仆，贞厉[⑤]。

九四　旅于处，得其资斧，我心不快[⑥]。

六五　射雉，一矢亡，终以誉命。

上九　鸟焚其巢；旅人先笑后号咷；丧牛于易，凶。

①旅：卦名。通行本为第五十六卦，帛书本为第五十二卦。此与《丰》卦为卦爻翻覆关系，故次列于《丰》卦下。

②小亨，旅贞吉："小亨"，小有通顺、小事通顺。"旅贞吉"即"旅人贞吉"（与"幽人贞吉"辞例相同），谓旅人问卦还算吉

旅卦图

130

利（又解："旅贞吉"与"居贞吉"相对。"居贞吉"谓占问家居吉利，"旅贞吉"谓占问行旅吉利）。"旅贞吉"是就"柔中"之六二、六五两爻而说。

③旅琐琐，斯其所取灾："琐琐"读为"惢惢"，多疑（高亨云："琐或借为惢，《说文》：惢，心疑也，从三心，读若《易》旅琐琐。可证琐惢古通用。许慎读惢为《易》之琐，或即本于汉人故训欤？旅惢惢，言旅人之多疑也"）。东汉应劭《风俗通·怪神》"世间多有狗作变怪"条云："谨按：《易》曰其亡斯自取灾。若叔坚者，心固于金石，妖至而不惧"，此正是引《易》旅人多疑而自取其灾以证世人多疑而自取其祟。"斯"，此，指代旅人之多疑。"斯其所取灾"，谓此其所以自取灾祸（"斯其所取灾"及"琐琐"尚有其他解释，证之以《风俗通》所引，则知其皆非）。初六之灾失之多疑，上九之凶失之寡虑，唯六二、六五得其中。

④旅即次，怀其资，得童仆，贞："即"，就、就居（《左传·僖公二十四年》注："即是依就之意也"）。"次"，旅邸、客舍。"怀"，怀藏。"怀其资"或本作"怀其资斧"。"资斧"，钱财。又按：疑本作"怀其斧资"，"资"与"次"为韵。后涉下文讹为"资斧"，传者以"斧"与"次"失韵，故又夺去"斧"字。"斧资"当即"布货"（"斧"音同"布"。"资"，货也），谓钱币。"贞"下高亨以为脱"吉"字，可从。卦辞"旅贞吉"即指此爻而说。

⑤旅焚其次，丧其童仆，贞厉：二以柔居中，得处旅之道，故能即次得仆；三与之相反，故焚次失仆。九三以阳居刚，躁而不能静；互四、五为《兑》，乐而忘其忧。故有焚次失仆之厉。仆为旅途之伴，亦为之助。丧伴失助，故贞厉。此即《太玄·装》"装无俪，祸且至也"（"俪"同"俪"）。

⑥旅于处，得其资斧，我心不快："于"，往求、寻取（《诗·桃夭》传："于，往也"，《尔雅·释言》："于，求也"）。

"处"，住处。与"次"同。"资斧"为"斧资"之倒语，高亨释为货币、钱币（"资"，货；"斧"，钱币之似斧形者）。旅人虽获资财而未得居处，故其心不快；身携资财而往寻住处，有为路人打劫之忧，故其心不快。《太玄·装》："次二，内怀其乘（按："乘"，《汉书·王莽传》集注云："积也"，此谓积蓄）。测曰："怀忧无快也。"当指此爻而说。六二得正位而有居处（阴爻居柔位），故怀其资斧而贞吉；九四失正位而无居处（阳爻居柔位），故得其资斧而不快。九四《小象》"旅于处，未得位也，得其资斧，心未快也"，得之。

译　文

旅卦：旅行之事，小有亨通；出门在外，只有心地纯正，才会吉祥。

初六：在旅途开始时便猥琐吝啬，这是招来灾祸的原因。

六二：旅途中最舒适的是投宿在旅店中，最心安的是怀有充足的费用，最可靠的是有忠实的仆童。

九三：投宿的旅店失火，跟随的仆童丧失，旅人即使心地纯正，也充满着危险。

九四：旅途中虽然有栖身之处，并且得到了生活所必需的钱财和斧头等工具，但是我的心情并不愉快。

六五：射猎时，一支箭被负伤而去的山鸡带走，但他终于赢得了善射的美名。

上九：鸟的巢穴被火烧掉；旅行中的人先是欢颜喜悦，后来却号啕痛哭；农夫在田畔丢失了牛，十分凶险。

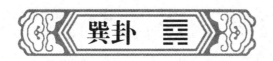

巽卦

巽下巽上　巽①小亨，利有攸往，利见大人②。

初六　进退，利武人之贞。

九二　巽在床下，用史巫纷若，吉，无咎。

九三　频巽，吝③。

六四　悔亡，田获三品。

九五　贞吉，悔亡，无不利。无初有终，先庚三日，后庚三日，吉。

上九　巽在床下，丧其资斧，贞凶④。

①巽：卦名。通行本及帛书本均为第五十七卦。"巽"之本字象二人伏跽之形，其义为伏顺，《杂卦》"巽，伏也"即其本义。其于《巽》卦，初、四二阴均伏于阳下，爻辞的三个"巽"字均为"伏"义，即"伏于床下"之义。床上为阳，床下为阴，《诗·斯干》"载寝之床"、"载寝之地"即是

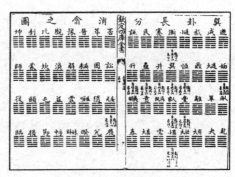

巽卦长分消翕之图

133

此义。后"巽"字形变而有算术之义，孳乳为"选"为"算"，皆音近同源之字。帛书即作"算"，与"巽"同。或释本卦爻辞之"巽"（"算"）为占算、揲蓍，似非其朔。

②小亨，利有攸往，利见大人：巽主于卑伏内敛，但随时境之变仍可适时而往，见大人而得其助；但处巽之时，未可大为以大通，仅可小为以得小有亨通。

③频巽，吝："频"读为"颦"，忧惧（参《复》卦）。"吝"即"用史巫分之，吝"的省文。初六在最下，故收敛其进而有利，九二居柔位，故敛伏而无咎，九三以阳居刚，忧惧敛伏而有吝，时不同也。

④巽在床下，丧其资斧，贞凶："下"与"斧"协鱼部韵。"贞凶"亦是"史巫"所占。上九居卦之终，已过巽时，而仍敛伏，无所作为，故占得丧失资财之凶兆。六爻仅三、上吝凶，皆过于疑惧怯懦，失处巽之道，《象传》于此二爻并言"穷"，即嫌其过于窘蹙也。

译文

巽卦：顺从他人，能小有亨通，有利于所要做的事情，但顺从的对象应是有德有才的领袖人物。

初六：在进退两难的时候，应当效法勇武之人，坚决果断，才会有利。

九二：匍匐在君主的卧榻旁，就像史官、巫士跪在神台前一样的恭顺谦卑，吉祥无灾。

九三：过多地表示谦卑顺从，会招致祸患。

六四：悔恨消失了，外出打猎获得很多野兽。

九五：因刚健中正而吉祥，悔意消失，事无不利，开始时不顺利，但终究会顺利。法令实施之前要晓谕群众，法令实施之后要检查执行情况，才能使群众心服口服，取得吉祥的效果。

上九：匍伏在床下，任凭强盗将旅费与用品都抢走，其心地虽正也难免凶险。

兑卦

原 文

兑下兑上　兑①亨，利贞。

初九　和兑②，吉。

九二　孚兑，吉，悔亡③。

六三　来兑，凶。

九四　商兑，未宁，介疾有喜④。

九五　孚于剥，有厉。

上六　引兑。

注 释

①兑：卦名。通行本为第五十八卦，帛书本为第四十一卦。此与《巽》卦为卦爻翻覆的关系，故次列于《巽》卦后。从卦画上看，此卦可与《巽》对参。《巽》卦象阴柔内伏于阳刚下，而《兑》卦则象阴柔外见于阳刚上；所以《杂卦》说"《兑》见（现）而《巽》伏"；可以这样理解：《巽》卦是说忧惧伏于内，《兑》卦是喜悦见于外。"兑"字本象人口上出气貌，故有"悦"、"现"等义。《巽》卦讲忧惧内伏之时的处巽之道，《兑》卦是讲豫悦外现之时的处兑之道，因此，理解《兑》卦，就应与（《巽》卦、《豫》卦联系

起来考察。

②和兑："和"，适度。"兑"即"悦"。"和兑"即《庄子·德充符》"使之和豫通而不失于兑"。"失于兑"谓当悦不悦、不当悦而悦，豫悦失时失度；"和兑"则是当悦而悦、不当悦则不悦，豫悦审时有度。《巽》之初当伏而伏，故利；《兑》之初当悦而悦，故吉。

③孚兑，吉，悔亡："孚"，卦兆显示。"兑"即"和兑"，因为九二居中，不言"和"而自和。《巽》二"得中"（《小象》语）故伏而无咎，《兑》二得中故悦而悔亡，其理一也。

④商兑未宁，介疾有喜："商"即商度控制。"商兑"犹"和兑"，裁制之使中度。"未宁"，未敢安逸懈怠。"介"同"介于石"之"介"，处于、身处。"有喜"，痊愈。《巽》四悔亡，《兑》四有喜，其理一也。《兑》之九四商度有喜，《豫》之九四由（犹）豫有得，思致相同。

译文

兑卦：愉悦，通畅；执于正道而使人愉悦，才会有利。

初九：和谐相处，使人喜悦，吉利。

九二：以诚信赢得别人的喜悦，吉利，即使有悔事也会消除。

六三：故意讨人欢心，必然凶险。

九四：与人相悦时，务须保持警惕；一旦发现不可相悦，便迅即分离，也是值得庆幸的事情。

九五：对阴邪小人的巧言令色信以为真，必有危险。

上六：引诱别人愉悦。

涣卦 ䷺

原文

坎下巽上　涣[①]亨，王假有庙，利涉大川，利贞[②]，

初六　用拯马壮，吉[③]。

九二　涣奔其机，悔亡[④]。

六三　涣其躬，无悔[⑤]。

六四　涣其群，元吉，涣有丘，匪夷所思[⑥]。

九五　涣汗其大号，涣王居，无咎[⑦]。

上九　涣其血，去逖出，无咎[⑧]。

注释

①涣：卦名。通行本为第五十九卦，帛书本为第六十二卦。"涣"本盛大之义，在本卦中当指水势盛大，卦象、卦爻辞均与水有关；盖本作"奂"，后增水旁为"涣"（《归藏》、帛书《系传》作"奂"，通行本经文及《系辞》、帛书本经文以及《易之义》、《缪和》

八卦司化图

137

均作"涣")。卦象为上《巽》下《坎》，巽为风、为木，坎为水。其卦或象飓风洪水，或象洪水拔折树木及木舟漂于水上。

②亨，王假有庙，利涉大川，利贞："假"，至。"有"，于。《易》中"王假有庙"两见，即《萃》卦和本卦。《萃》卦（䷬）上《兑》泽，下《坤》地，象孟秋雨水频仍、泽潦汇聚，所以卦辞说"亨，王假有庙，利贞，用大牲吉，利有攸往"，与本卦卦辞相近。王至寝庙祭祀，以祷平安、除水患，并卜筮涉川济险是否有利，结果得到吉占。

③用拯马壮，吉："拯"读为"乘"（参见《明夷》注）。盖大水初来，乘壮健之马速退则吉。《明夷》六二"夷于左股，用拯马壮吉"与此同。帛书"吉"下有"悔亡"二字，阮元校勘记亦云："古本有悔亡二字。"所谓古本，盖指虞翻注本，王弼本无。

④涣奔其机，悔亡："奔"谓奔逃。"机"同"機"，谓得其时、及时。此言水势盛大，奔逃及时而悔事消亡。疑"悔亡"为初六之占辞，九二无占辞。帛书本"机"作"阶"，盖以"机"为"下基"之义。

⑤涣其躬，无悔："躬"谓自身。"无悔"帛书作"无咎"。此言大水将淹及自身而终无患害。本卦唯六三有应，而应交上九为《巽》体，巽为木。盖六三有上九木舟为应援，故得济险无咎。

⑥涣其群，元吉，涣有丘，匪夷所思："群"，指朋辈、四邻、他人。此谓大水将淹及邻人，幸而得救，故谓大吉。"丘"指高地。"匪夷所思"即很难想像，不可能。

⑦涣汗其大号，涣王居，无咎："汗"，大，水势浩大，义与"涣"同。"涣汗"犹"浩瀚"。"大号"，盖指飓风呼号（《秋声赋》："其为声也，呼号愤发。"）。九五为《巽》体，巽为风。"其"，连词。"涣汗"说水势之盛，"大号"说飓风之烈（或训"大号"为人们大声呼号）。"王居"是呼应六四的"丘"。王居处于高地，故得

无咎。

⑧涣其血，去逖出，无咎："血"谓忧患（同"恤"，忧也）。"逖"同"惕"（或本即作"惕"，帛书作"逿"）。"出"疑当作"之"，形近而讹（参见《小畜》六四"血去，惕出，无咎"注）。"去"与九五之"居"协鱼部韵，或以"出"与"去"、"居"协韵则非；"出"为物部字，韵部远隔；当本作"之"，不入韵。此言大水之忧患已过，但须时时惕戒，方可长保无咎。

译　文

涣卦：人心涣散时，也有亨通，因为君王到宗庙去祈祷，既使民众看到君王希望上下团结的诚意，又获得了祖宗神灵的保佑；利于去冒涉大川那样的险，但必须坚守正道。

初六：骑上健壮的马去追亡，就能失而复得，吉祥。

九二：涣散之际，倘能争得一个安全场所，悔恨也就消除了。

六三：清除私欲，如同清洗掉身上的污垢一样，不会有什么后悔。

六四：解散私党，这是非常好的事情；解散私党便能促成如同山丘那样为常人所难以想像的大团结。

九五：君王发出的命令要像人出汗那样不可收回；君王积聚的财富，要及时散发给人民，这样做不会有什么祸患。

上九：由于人心涣散而发生流血事件时，只要远远地避开，就不会有什么危难。

节卦

兑下坎上　节^①亨，苦节，不可贞^②。

初九　不出户庭，无咎^③。

九二　不出门庭，凶^④。

六三　不节若，则嗟若，无咎^⑤。

六四　安节^⑥，亨。

九五　甘节，吉，往有尚^⑦。

上六　苦节，贞凶，悔亡^⑧。

注 释

①节：卦名。通行本为第六十卦，帛书本为第二十一卦。《节》卦与《涣》卦是卦爻翻覆的关系，故次列于《涣》卦后。《节》卦上《坎》水，下《兑》泽，象水溢泽上，当修缮堤防以节制之使不泛滥。因此，卦爻辞之"节"字是节制、限制、约束之义。

②亨，苦节，不可贞：筮得《节》卦，懂得自我节制，自然亨通。反之，以自我节制为苦，不乐于自我节制，则占问不利。"不可"犹不宜、不利。还有一种可能，"节"是指节制百姓。"苦"是指过分、过度。过分节制百姓则失于苛暴，结果自然不利。《临》

140

节卦

兑下坎上　节[1]亨，苦节，不可贞[2]。

初九　不出户庭，无咎[3]。

九二　不出门庭，凶[4]。

六三　不节若，则嗟若，无咎[5]。

六四　安节[6]，亨。

九五　甘节，吉，往有尚[7]。

上六　苦节，贞凶，悔亡[8]。

注 释

[1]节：卦名。通行本为第六十卦，帛书本为第二十一卦。《节》卦与《涣》卦是卦爻翻覆的关系，故次列于《涣》卦后。《节》卦上《坎》水，下《兑》泽，象水溢泽上，当修缮堤防以节制之使不泛滥。因此，卦爻辞之"节"字是节制、限制、约束之义。

[2]亨，苦节，不可贞：筮得《节》卦，懂得自我节制，自然亨通。反之，以自我节制为苦，不乐于自我节制，则占问不利。"不可"犹不宜、不利。还有一种可能，"节"是指节制百姓。"苦"是指过分、过度。过分节制百姓则失于苛暴，结果自然不利。《临》

140

卦以"甘临"（临治百姓）与"咸临"（咸，苦也）对举和本卦以"甘节"与"苦节"对举其例相同，"苦节"即郑子产所谓"防川"也（《左传·襄公三十一年》）。《易》有取爻辞为卦辞之例，此即其一。

③不出户庭，无咎："户庭"与下文"门庭"换文同义，都是指"家"、"家门"；帛书"户庭"作"户牖"以与"门庭"区别，似不必。高亨说"不出户庭无咎"、"不出门庭凶"，犹卜书之"不利出门"、"不利在家"，得之。然就《节》卦而言，"不出户庭"、"不出门庭"似指自我约束而言。初在最下，前有《坎》险，时止则止，约束于家，故得无咎。

④不出门庭，凶：阳已升二，居于中位，互三、四为《震》，值宜动之时，时行则行，当有为于世；今反固执于节，自缚手脚无所行动，故凶。此初九、九二之爻辞，颇似卜辞之正反对贞。

⑤不节若，则嗟若，无咎："若"犹"之"，语辞。"无咎"承嗟之而说，即不节之，乃嗟之，嗟之无咎；此犹《离》卦六五"出涕沱若，戚嗟若，吉"及《临》卦六三"甘临，无攸利，既忧之，无咎"。九二持中，行而不偏，故宜动；六三不中不正，又乘阳刚，宜节不宜动。其不知约束而导致咎害而嗟叹；嗟叹则知悔，又互四、五为《艮》，过而知止，是终能节制而无咎者。此"节"亦有节己、节人之两种可能。

⑥安节：安于自我节制。六四阴爻居柔位得正，互三、五为《艮》，是能安节自止者。若就节人而言，则安节为节制百姓使其安居乐业。

⑦甘节，吉，往有尚："甘"，美、乐。"甘节"以自我节制为美为乐。"尚"犹"赏"。"往有尚"，前往会得到好处。三无咎、四亨、五吉，正是"知之者不如好之者，好之者不如乐之者"。老子"甘其食，美其服，安其居，乐其俗"亦此甘节、安节之义。又

"甘"亦可释为"和",谓节制适宜中度。若就节人而言,则"甘节"谓节制百姓宽缓适度。

⑧苦节,贞凶,悔亡:"苦节",苦于自我节制、不安于自我节制,与九五乐于自我节制("甘节")相对。又"苦"亦可训为过分,谓自我节制太过,与九五节制适中("甘节")相对。若就节人而言,则"苦节"谓节制百姓疾且过分(参《临》卦"甘临"、"咸临"注)。苦于节制则占问凶险,然爻至极则变,凶而知改,则悔事消除。

译文

节卦:象征节制、节俭。节卦的卦象下单卦为兑,为泽为水;上单卦为坎,为止。两单卦结合为泽之所容有准,不泄不漏。节应有度,应顺乎天理之正,如强人所难,过度节俭,则不足以济天下,且穷而未正。

初九:逢初九虽阳刚中正,但逢节卦,仍应慎之于内院,不宜外出,则无灾。

九二:阳刚中正,时至事起,但审慎藏于内室,不愿外出门庭,会坐失良机,凶。

六三:过于奢靡,不知节俭,再想节制已柔失其位无法控制。这是咎由自取,又怎么能再怨天尤人呢?

六四:安于节俭,适当其宜亨通。

九五:以节俭为乐事,合乎理,顺乎情,为天下诚服。亨通。

上六:过分的节制行为是不可取的,因事物有其节俭之本,过之则损。物不顺则穷,故凶。

中孚卦

原文

兑下巽上　中孚①豚鱼吉②，利涉大川，利贞。

初九　虞吉，有它，不燕③。

九二　鸣鹤在阴，其子和之；我有好爵，吾与尔靡之。

六三　得敌，或鼓或罢，或泣或歌④。

六四　月几望，马匹亡，无咎⑤。

九五　有孚挛如，无咎⑥。

上九　翰音登于天，贞凶⑦。

注释

①中孚：卦名。通行本与帛书本均为第六十一卦。此与《节》卦下卦都是《兑》，所以次列于《节》下。此卦上《巽》木，下《兑》泽，象木舟行于泽水之上（《象传》所谓"乘木舟虚也"）。卦辞言祭祀水神、济涉大川，正与此象合。

②豚鱼吉：或以为鱼之似豚者为

中孚卦图

143

"豚鱼",即所谓江豚(吴澄《易纂言》),可从。江豚属鲸类,古人盖奉为水神,舟行者或从事渔业者行前祭之,以求顺当平安,所以下面说"利涉大川"。卦辞正与卦象相合。又或释为以豚与鱼薄祭神灵;或释"豚鱼"为小鱼、遁鱼等。此皆非确诂。又高亨以为卦名"中孚"当重,此说亦非。凡卦名当重者(如《同人》)皆爻辞中有之,而本卦爻辞并无"中孚"二字。

③虞吉,有它,不燕:此"虞"即《屯》卦"即鹿无虞"之"虞",虑度。"它",意外之患。"燕",安宁。"它"为歌部字,"燕"为歌部阳声元部字,歌、元协韵。下文"和"、"靡"、"罢"、"歌"皆歌部字,与"它"、"燕"协韵,帛书"燕"作"宁","靡"作"赢",均失韵。或释"虞"为安、为虞祭、为虞官,似皆不确。

④得敌,或鼓或罢,或泣或歌:"敌",就与阳爻上九正应的角度说,可训为匹偶,就与阴爻六四的关系说,可训为敌人、敌方俘虏。总之,"得敌"是指有所获。"罢"同"疲",疲惫。"或泣或歌"即"或歌或泣",为与"罢"及上文之"和"、"靡"协韵(歌部韵)而颠倒句式。鼓歌,即"鼓缶而歌"(见《离》卦九三)。虽有所获,然一方面鼓而歌之,一方面又疲而泣之,此谓喜忧兼有、得失参半。从爻位上说,六三有应,所以有得;但同时又不中不正,互四、五成《艮》;当止而待时,却动有所得;虽有所得,不得其时;有得而鼓歌之,失时而疲泣之;刘备之得卧龙、凤雏者似此。

⑤月几望,马匹亡,无咎:"几",将近(又或作"既",帛书亦作"既")。"月几望"指将近阴历十五。月盈而亏,乾亢有悔,丢失马匹,破财消灾,故得无咎。又失去乘马则不能行,安止之而免灾。《小畜》上九"月几望,君子征凶"即是此义。又月望而亏,亏而复望,马之失得若此,故无有咎害,《睽》卦初九"悔亡,丧马勿逐自复"即此之谓。

⑥有孚挛如,无咎:"挛"同"娈",好。"如",语辞。《小

》九五"有孚挛如"同此。《大有》六五"厥孚交如"即"厥孚姣如",与此同(《史记·晋世家》索隐"交犹好也",训与"姣"同)。《广雅·释诂》一:"娈、姣,好也。"帛书《二三子问》:"卦曰绞如委如。孔子曰:绞,日也",则《二三子问》读"交"如"皎日"之"皎"(《庄子·渔父》释文:"交,字书作皎")。

⑦翰音登于天,贞凶:"翰音",旧训鸡或泛言鸟属。按:"翰音"疑承九二之"鹤鸣"而言。如《小过》初爻"飞鸟以凶",而上爻则言"飞鸟离之";又如《乾》二言"见龙",而上则言"亢龙"等。"翰"犹《诗》"翰飞戾天"之"翰",高。"翰音"犹高鸣。"翰音登于天"正刘禹锡"晴空一鹤排云上"之谓。九二幽人居中,潜鸣于荫;上九居亢极而高鸣于天,正相对言。所谓"贞凶",即《小过》"飞鸟遗之音,不宜上,宜下"之谓。

译文

中孚卦:心中诚信可感动鬼神,即使食有毒的河豚鱼也会吉祥无事,涉大川时也会风平浪静,因为纯正总会使人受益。孚,本义"孵",孵卵不能延期,寓"信"义。

初九:初交朋友,不轻信则吉;一旦深交就不应再有疑虑,以免自己不得安宁。

九二:鸣叫的鹤儿在树荫下,它的配偶应声和鸣;我有一杯美酒,愿与你一起畅饮。

六三:战胜了敌寇,有的人击鼓庆贺,有的人倒地休息,有的人悲泣,有的人高歌。

六四:月儿即将圆满,良马失去原配,没有任何失误。

九五:彼此诚信,成为携手并肩的朋友,没有任何失误。

上九:像雄鸡司晨那样,身在地上而声音高亢入于天际,即使诚信也难免凶险。

小过卦 ䷽

艮下震上　小过①亨，利贞②。可小事，不可大事，飞鸟遗之音，不宜上，宜下，大吉③。

初六　飞鸟以凶④。

六二　过其祖遇其妣；不及其君遇其臣，无咎⑤。

九三　弗过防之，从或戕之，凶⑥。

九四　无咎，弗过遇之，往厉必戒，勿用永贞。

六五　密云下雨，自我西郊，公弋取彼在穴。

上六　弗遇过之，飞鸟离之，凶，是谓灾眚。

注 释

①小过：卦名。通行本为第六十二卦，帛书本为第二十八卦。此与《中孚》卦为卦爻反对的关系，故次列于《中孚》后。

②亨，利贞：雷在天为过壮，然而雷在山时察知事之微渐，则可亨通而得利占。

③可小事，不可大事，飞鸟遗之音，不宜上，宜下，大吉："可"犹"宜"。"小事"谓求自安，"大事"谓图进取。"遗"，送给、带来。"飞鸟遗之音"，或以为即所谓"鸟占"，可从。"上"

146

谓进取，犹"大事"；"下"谓退守，犹"小事"。若能从筮占之为小事而求安、听鸟占之下而退守，则可获大吉，爻辞"遇臣"（六二）、"取彼在穴"（六五）即此；反之则凶，爻辞"飞鸟"（初六）、"过之"（上六）即是。

④飞鸟以凶："飞鸟"即"鸟飞"。处《小过》之初，不知退下以求自安，反而上行进取以图大事，故有凶险。《太玄·美》准《小过》，其初一云："测曰：美于初，后难正也"。

⑤过其祖遇其妣，不及其君遇其臣，无咎：此当读为两句，中间不断，"妣"、"臣"为脂真协韵。旧或读为"过其祖，遇其妣，不及其君，遇其臣"似非。"过"，超过。"祖"疑借为"阻"（《书·舜典》"黎民阻饥"，今文《尚书》作"祖饥"。《汉书·食货志上》颜注"祖，古文言阻"），阻隔，指九三、九四两阳爻。"遇"，遇逢，获得（《孟子·离娄上》注："遇，得也"）。"妣"疑借为"比"（《释名》："妣，比也。"《诗·丰年》"祖妣"，《文选注》一作"祖比"。帛书《周易》"妣"即作"比"），比配，匹配，指与六二相应的六五，下文的"君"即此"比"。《丰》卦（☲☳）初九的"遇其配主"即指相应的九四而言，则此"遇其比"、"及其君"即"遇其配主"的意思。"及"义犹"遇"（《诗·摽有梅》《释文》："及，本作得。"）。"臣"即臣仆（帛书作"仆"）。"遇其臣"犹《旅》（☶☲）六二之"得童仆"。就爻位而言，本卦及《旅》卦六二的臣仆均指初六。六二本欲超过两刚爻之阻隔而上行与六五之君遇合匹配，结果未上进以求与君主遇合，而是下退得到了臣仆。本欲上行及五，终却下而得初，正与卦辞"可小事"、"宜下"偶合，所以没有咎害。《太玄·美》："次二，美于微，克复，可以为仪。"本欲上进干禄是"美于微"，随即下退求仆是"克复"，因其无咎，故"可以为仪"。

⑥弗过防之，从或戕之，凶："弗过"，不要有所逾越。"防"，

提防警惕。"从"，进往（《小尔雅·广言》："从，遂也"；《广雅·释诂》："遂，往也。"）。"戕"，伤害。若无所过越并时时提防则可无咎，若有所进往则会受到伤害而面临凶险。此爻与九四相近。

译 文

小过卦：象征小有过失、交错。小过卦的卦象是下单卦为艮，为山，为止；上单卦为震，为雷。山上之雷，可谓过雷，雷声大雨点小。此卦为小事利之卦象，可谓"雁过留声，其音不绝"。但大雁不宜高飞，只应向低飞，向下飞，如此才有利。

初六：飞鸟掠过头顶凶，实非飞鸟凶，而是遇之凶也，并大有妻子挟制丈夫，臣子挟制君王，蛮夷挟制中原之势。

六二：与祖父失之交臂，却和祖母相遇；高攀不到君王，只得与臣下交往，不可能得到原来的期望值，但并无灾恙。

九三：坦荡君子却遭小人算计，审慎戒之，可免于危；委屈求全则有被加害的危险。大凶。

九四：刚而兼柔，守正而不争，即不逞强，便没有危险。但如果过于仗义直言，秉持公道便会引火烧身。

六五：浓云密布不见雨，云气却从城邑的西部冉冉升起，这是阴阳不和之状。这时君王位居尊位，就不能亲自去寻找辅佐自己的人，正如亲自执箭将钻入穴中的鸟猎捕来。

上六：势盛极必过，骄亢极必有失，正如飞鸟飞得太高，目标太露，终会被射杀。这是天之降灾，不可避，凶。

148

既济卦 ䷾

原 文

离下坎上　既济①亨，小利贞②。初吉终乱③。

初九　曳其轮，濡其尾，无咎④。

六二　妇丧其茀，勿逐，七日得。

九三　高宗伐鬼方，三年克之。小人勿用⑤。

六四　繻有衣袽，终日戒⑥。

九五　东邻杀牛，不如西邻之禴祭，实受其福⑦。

上六　濡其首，厉⑧。

注 释

①既济：卦名。通行本为第六十三卦，帛书本为第二十三卦。上《坎》水，下《离》火，水下润，火上炎，阴阳相交之功大成。从卦爻看，六爻皆当位、皆有应（六十四卦仅此一卦），象征天地万物从无序最终实现有序。以火烧水煮水之功得成。

②亨，小利贞：万事皆成，自然亨通。但成则必亏，无平不陂，无往不复，所以占问小事有利。小事，谓安守以保。或据《彖传》将此读为"亨小，利贞"。然既已皆成，不当小亨。《贲》卦"亨，小利有攸往"（《彖》："分刚而柔下，故小利有攸往。"）。唐

石经作"小利贞",《遁》"亨，小利贞"(《彖》："小利贞，浸而长也。")，并为"小利"、"小利贞"之辞例。

③初吉终乱：既济之始，一切有序，故亨而吉。既济之终，向反面转化，有序变为无序，故乱而危厉，上六"儒其首厉"即是。

④曳其轮，濡其尾，无咎："曳轮"犹《睽》之"曳舆"；曳轮则车不能进。"濡"，浸湿。"尾"，狐尾(《未济》卦辞"小狐汔济濡其尾")；濡尾则狐不能涉。既济之时，宜安守保成，故轮曳尾濡不得进涉而无咎。

⑤小人勿用：此爻不可施用于小人。九三阳爻居刚位，面临《坎》险，象刚强有为之君救成而复乱之险难，挽狂澜于既倒；然或柔弱、或逞强之小人则不宜施用此爻而取以为法则，如初弱、二、四柔，上逞强，皆所谓小人也，难堪其任。

⑥繻有衣袽，终日戒："繻"，王弼读为"濡"，《说文系传》亦引作"濡"(帛书作"襦"。盖初作"濡"，涉"袽"字而讹为"襦"，又讹为"繻")。"衣袽"，衣絮(或谓絮衣，棉衣)。"有"同"于"。河水浸湿衣絮，犹谓水浸其身，已见"濡首"之兆，喻成已将乱。六四阴柔，无力拯救既成之复乱，只有终日戒惧以防其大乱而已；然其虽无救乱之才，亦胜于"濡首"逞强之上六。

⑦东邻杀牛，不如西邻之禴祭，实受其福："东邻杀牛"蒙后省"祭"字(帛书作"东邻杀牛以祭")。东邻杀牛之祭，为太牢盛祭；西邻之禴祭，为菜果之薄祭。"实"犹"惟"，语辞。九三以阳刚之才，尽人事而力保既济；九五虽以阳刚居中得正，然已近亢极，乱不可免，唯有听天命而祈求上天赐福。

⑧濡其首，厉："首"，或谓狐首，或谓人首。然《未济》"饮酒濡首"乃指人首，则此"首"宜与彼同。"濡首"犹《大过》"过涉灭顶"之"灭顶"。上六阴居亢极，无拯乱之才而逞强恃威，乱已成而犹未悟，故有濡首灭顶之危。

既济卦：成功，意味着事情无论巨细，一切亨通，有利于正义事业。开始时虽然吉祥，发展到后来难免又会陷入混乱。

初九：拉住车轮而减速慢行，沾湿尾巴小狐狸就不能快跑，这样不会发生灾祸。

六二：妇女丢失了首饰，不必急于寻找，七天之后即可复得。

九三：殷高宗讨伐鬼方国，三年后获得胜利，但是并不重用那些立有战功的武夫。

六四：渡河时，河水打湿了衣服，整天战战兢兢。

既济一卦贯天地四时图

九五：东边的邻居杀牛进行祭祀，还不如西边的邻居心诚薄祭，更能得到神灵的福佑。

上六：渡河时，水深过顶，十分凶险。

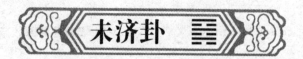

未济卦

原　文

坎下离上　未济①亨，小狐汔济，濡其尾，无攸利。

初六　濡其尾，吝②。

九二　曳其轮，贞吉③。

六三　未济，征凶，利涉大川④。

九四　贞吉，悔亡。震用伐鬼方，三年有赏于大国⑤。

六五　贞吉，无悔，君子之光，有孚吉⑥。

上九　有孚于饮酒，无咎，濡其首，有孚失是。

注　释

①未济：卦名。通行本为第六十四卦，帛书本为第五十四卦。《未济》卦次列于《既济》卦后，因为它与《既济》卦既是上下卦颠倒的关系，又是卦爻反对及卦爻翻覆的关系，六十四卦中同时包含此三种关系者，除这两卦外，还有《否》和《泰》。

②濡其尾，吝：《既济》之初在于守成，故湿尾不进而无咎；《未济》之初在于求济，故湿尾不进而有吝。时不同也。

③曳其轮，贞吉：求济之时，戒在急于求成。九二阳刚，当有所戒；居柔处中，能有所戒。故曳住车轮，占问得吉。初阴柔，戒

在畏缩，故进之；二阳刚，戒在冒进，故退之。此《论语》所谓"求也退，故进之；由也兼人，故退之"。

④未济，征凶，利涉大川："征凶"与"利涉大川"相矛盾，所以或疑"利"上脱"不"字（朱熹《本义》），或疑"征"当作"贞"（朱骏声《六十四卦经解》）。按："征凶"当作"贞凶"，《象传》同。《困》上六"征吉"，帛书作"贞吉"。九二、九四之"贞吉"与此"贞凶"相对而言（《小畜》"妇贞厉"与"夫子征凶"相对，"征凶"似亦当作"贞凶"）。六三处不当位，又居上下体之间，未出《坎》而又互四、五为《坎》，若济渡未成而止则占问凶险，继续前进涉渡则有利。

⑤震用伐鬼方，三年有赏于大国："震"，旧皆如字作训（震动）。然从《易》之辞例看，"震"当为人名，与"公用射隼"、"康侯用锡马蕃庶"、"王用出征"等辞例相同；同时，此与《既济》九三"高宗伐鬼方"所记之事亦相近。因此，朱骏声说"震，挚伯名"，高亨说"震疑为人名，盖周臣也"。盖伐鬼方时，震为周之将帅，商灭后盖受封为"公"、"侯"。"大国"指商。征伐之事非阳刚不能胜任，故《既济》、《未济》于九三、九四言"伐"；然《既济》之"伐"在于平定已然成功之乱，而《未济》之《伐》在于攻克阻碍成功之乱。

⑥贞吉，无悔，君子之光，有孚吉：帛书"贞吉无悔"涉九四爻辞而讹为"贞吉悔亡"，由此我们怀疑通行本、帛书本中"无悔"与"悔亡"互讹的情况也许还很多。"悔亡"是过去完成时态或现在完成时态，表示不好的事情已经过去、已经结束；"无悔"是将来完成时态，表示将不会有悔恨之事。"光"本指日光气，古人常以之占卜吉凶；引申之则指一国一人之气运。"君子之光有孚吉"，谓卦兆显示君子的气运吉利无比（参《乾》卦、《观》卦注）。

译 文

　　未济卦：象征事物仍在运作，尚未成。未济卦的卦象下单卦为坎，为水；上单卦为离，为火。火在水之上，形成水火未济的卦象。小狐狸渡浅河快要到岸的时候，打湿了尾巴，功亏一篑。

　　初六：小狐狸过河，都快到了，尾巴却湿了，结果无利而终。

　　九二：用力将车轮往后拉，让车慢慢往前走，这是因为他有自知之明，深知凡事不可冒然而进。故吉。

　　六三：还没有过河，也有风险，冒然前进，势必凶危。但凡事总要找到出路，克服重重艰难，故可以干大事，宜于涉越大江、大河。

　　九四：持正固本，吉卦。雷霆之师讨伐鬼方，三年征战，大胜而归。按功行赏封侯、封地，但战事未息，尚需再接再厉。

　　六五：有君子之德，故没有悔恨。君子的荣光不仅表现在持正固本上，而且表现在能与普天大众共渡难关上。故其光辉可鉴。

　　上九：举酒庆贺，没有灾祸。但酗酒或贪于酒色，就偏离了正道。